编委会

高等学校"十四五"规划酒店管理与数字化运营专业新形态系列教材

总主编

周春林　全国旅游职业教育教学指导委员会副主任委员，教授

编　委（排名不分先后）

臧其林	苏州旅游与财经高等职业技术学校党委书记、校长，教授
叶凌波	南京旅游职业学院校长
姜玉鹏	青岛酒店管理职业技术学院校长
李　丽	广东工程职业技术学院党委副书记、校长，教授
陈增红	山东旅游职业学院副校长，教授
符继红	云南旅游职业学院副校长，教授
屠瑞旭	南宁职业技术学院健康与旅游学院党委书记、院长，副教授
马　磊	河北旅游职业学院酒店管理学院院长，副教授
王培来	上海旅游高等专科学校酒店与烹饪学院院长，教授
王姣蓉	武汉商贸职业学院现代管理技术学院院长，教授
卢静怡	浙江旅游职业学院酒店管理学院院长，教授
刘翠萍	黑龙江旅游职业技术学院酒店管理学院院长，副教授
苏　炜	南京旅游职业学院酒店管理学院院长，副教授
唐凡茗	桂林旅游学院酒店管理学院院长，教授
石　强	深圳职业技术学院管理学院院长，教授
李　智	四川旅游学院希尔顿酒店管理学院副院长，教授
匡家庆	南京旅游职业学院酒店管理学院教授
伍剑琴	广东轻工职业技术学院酒店管理学院教授
刘晓杰	广州番禺职业技术学院旅游商务学院教授
张建庆	宁波城市职业技术学院旅游学院教授
黄　昕	广东海洋大学数字旅游研究中心副主任/问途信息技术有限公司创始人
汪京强	华侨大学旅游实验中心主任，博士，正高级实验师
王光健	青岛酒店管理职业技术学院酒店管理学院副院长，副教授
方　堃	南宁职业技术学院健康与旅游学院酒店管理与数字化运营专业带头人，副教授
邢宁宁	漳州职业技术学院酒店管理与数字化运营专业主任，专业带头人
曹小芹	南京旅游职业学院旅游外语学院旅游英语教研室主任，副教授
钟毓华	武汉职业技术学院旅游与航空服务学院副教授
郭红芳	湖南外贸职业学院旅游学院副教授
彭维捷	长沙商贸旅游职业技术学院湘旅学院副教授
邓逸伦	湖南师范大学旅游学院教师
沈蓓芬	宁波城市职业技术学院旅游学院教师
支海成	南京御冠酒店总经理，副教授
杨艳勇	北京贵都大酒店总经理
赵莉敏	北京和泰智研管理咨询有限公司总经理
刘懿纬	长沙菲尔德信息科技有限公司总经理

高等学校"十四五"规划酒店管理
与数字化运营专业新形态系列教材

总主编 ◎ 周春林

酒店收益管理

主　编　邓逸伦　夏赞才　彭维捷
副主编　郑月月　杨　柳　李　花
　　　　郑　琪　杨　曦

HOTEL REVENUE MANAGEMENT

华中科技大学出版社
http://www.hustp.com
中国·武汉

内 容 提 要

本教材根据酒店数字化运营的行业特征和酒店收益管理的实际工作内容,以培养学生适应现代酒店先进管理运营模式需要为导向,以酒店客房运营为核心展开收益管理理论体系的学习。教材内容从有效实施收益管理的行业特征入手,站在企业市场竞争的角度,以大量酒店经营数据、收益管理系统报表以及相关案例等课程资源为基础,详细阐述了收益管理概述、酒店竞争群的建立、酒店市场细分、客房价格管理、酒店市场需求预测、酒店收益管理策略、酒店营销渠道管理等方面的知识以及相互间的联系,共计七大项目。项目设定了对应的教学目标,并包含项目描述、项目目标、知识导图、学习重点、项目导入、同步思考、同步案例、课程思政、项目小结、项目训练等多项教学内容,帮助教师以多种形式开展教学活动和对学生进行能力训练。

本教材主要适用于高等院校酒店管理以及旅游管理专业教学,也可作为酒店从业人员的培训教材和自学参考书。

图书在版编目(CIP)数据

酒店收益管理/邓逸伦,夏赞才,彭维捷主编. —武汉:华中科技大学出版社,2022.8(2024.7重印)
ISBN 978-7-5680-8283-9

Ⅰ.①酒… Ⅱ.①邓… ②夏… ③彭… Ⅲ.①饭店-运营管理 Ⅳ.①F719.2

中国版本图书馆 CIP 数据核字(2022)第 131474 号

酒店收益管理
Jiudian Shouyi Guanli

邓逸伦　夏赞才　彭维捷　主编

策划编辑:李家乐　王　乾	
责任编辑:张　琳	
封面设计:原色设计	
责任校对:张会军	
责任监印:周治超	

出版发行:华中科技大学出版社(中国•武汉)　　电话:(027)81321913
　　　　　武汉市东湖新技术开发区华工科技园　　邮编:430223

录　　排:华中科技大学惠友文印中心
印　　刷:武汉市洪林印务有限公司
开　　本:787mm×1092mm　1/16
印　　张:10.5
字　　数:240 千字
版　　次:2024 年 7 月第 1 版第 4 次印刷
定　　价:49.90 元

本书若有印装质量问题,请向出版社营销中心调换
全国免费服务热线:400-6679-118　竭诚为您服务
版权所有　侵权必究

总序

2021年,习近平总书记对全国职业教育工作作出重要指示,强调要加快构建现代职业教育体系,培养更多高素质技术技能人才、能工巧匠、大国工匠。同年,教育部对职业教育专业目录进行全面修订,并启动《职业教育专业目录(2021年)》专业简介和专业教学标准的研制工作。

新版专业目录中,高职"酒店管理"专业更名为"酒店管理与数字化运营"专业,更名意味着重大转型。我们必须围绕"数字化运营"的新要求,贯彻党中央、国务院关于加强和改进新形势下大中小学教材建设的意见,落实教育部《职业院校教材管理办法》,联合校社、校企、校校多方力量,依据行业需求和科技发展趋势,根据专业简介和教学标准,梳理酒店管理与数字化运营专业课程,更新课程内容和学习任务,加快立体化、新形态教材开发,服务于数字化、技能型社会建设。

教材体现国家意志和社会主义核心价值观,是解决培养什么样的人、如何培养人以及为谁培养人这一根本问题的重要载体,是教学的基本依据,是培养高质量优秀人才的基本保证。伴随我国高等旅游职业教育的蓬勃发展,教材建设取得了明显成果,教材种类大幅增加,教材质量不断提高,对促进高等旅游职业教育发展起到了积极作用。在2021年首届全国教材建设奖评审中,有400种职业教育与继续教育类教材获奖。其中,旅游大类获一等奖优秀教材3种、获二等奖优秀教材11种,高职酒店类获奖教材有3种。当前,酒店职业教育教材同质化、散沙化和内容老化、低水平重复建设现象依然存在,难以适应现代技术、行业发展和教学改革的要求。

在信息化、数字化、智能化叠加的新时代,新形态酒店类教材的编写既是一项研究课题,也是一项迫切的现实任务。应根据酒店管理与数字化运营专业人才培养目标准确进行教材定位,按照应用导向、能力导向要求,优化设计教材内容结构,将工学结合、产教融合、科教融合和课程思政等理念融入教材,带入课堂。应面向多元化生源,研究酒店数字化运营的职业特点及人才培养的业务规格,突破传统教材框架,探索高职学生易于接受的学习模式和内容体系,编写体现新时代高职特色的专业教材。

我们清楚,行业中多数酒店数字化运营的应用范围仅限于前台和营销渠道,部分酒店应用了订单管理系统,但大量散落在各个部门的有关顾客和内部营运的信息数据没有得到有效分析,数字化应用呈现碎片化。高校中懂专业的数字化教师队伍和酒店里懂营运的高级技术人才是行业在数字化管理进程中的最大缺位,这种缺位是推动酒店专业教育数字化转型面临的最大困难,这方面人才的培养是我们努力的方向。

　　酒店管理与数字化运营专业教材的编写是一项系统工程,涉及"三教"改革的多个层面,需要多领域高水平协同研发。华中科技大学出版社与南京旅游职业学院、广州市问途信息技术有限公司合作,在全国范围内精心组织编审、编写团队,线下召开高等学校"十四五"规划酒店管理与数字化运营专业新形态系列教材编写研讨会,线上反复商讨每部教材的框架体例和项目内容,充分听取主编、参编老师和业界专家的意见,在此特向参与研讨、提供资料、推荐主编和承担编写任务的各位同仁表示衷心的感谢。

　　该系列教材力求体现现代酒店专业教育特点和"三教"改革的成果,突出酒店专业特色与数字化运营特点,遵循技术技能人才成长规律,坚持知识传授与技术技能培养并重,强化学生职业素养养成和专业技术积累,将专业精神、职业精神和工匠精神融入教材内容。

　　期待这套凝聚全国各大旅游院校多位优秀教师和行业精英智慧的教材,能够在培养我国酒店高素质、复合型技术技能人才方面发挥应有的作用,能够为酒店管理与数字化运营专业新形态系列教材协同建设和推广应用探出新路子。

全国旅游职业教育教学指导委员会副主任委员
周春林

前言

"酒店收益管理"是"酒店管理"专业更名为"酒店管理与数字化运营"背景下新开设的一门专业课程。本教材在经济学、管理学、统计学、市场学、信息科学等多种学科理论基础上,根据酒店数字化运营的行业特征和酒店收益管理的实际工作内容,以酒店客房运营为核心展开收益管理理论体系的学习。旨在提升学生学习现代酒店经营管理基本理论和基础知识的同时,培养学生解决现代酒店复杂经营问题的专业能力以及掌握经营数据解读分析和数字化运营的高阶能力。

"数字化转型"是酒店行业近年来最前沿和热门的主题,同时越来越受到学界的关注,已经成为目前旅游学界的前沿和热门研究方向之一,各大酒店集团也纷纷开始设立收益经理或收益总监的岗位,对收益管理人才需求非常旺盛。但《中国酒店业数字化成熟度研究报告》中却表明缺少数字化转型人才是当下酒店数字化转型过程中面临的最大挑战。高职院校面临着人才培养无法适应行业发展、无法满足行业需求的问题。目前,虽然各大院校都具有开设"酒店收益管理"课程的强烈意愿,但从总体上看,"酒店收益管理"是一门涉及多学科理论知识、专业度高、应用性强、含金量高的课程。师资力量、教学资源、行业经验等方面的缺乏成为不少院校开设此门课程的障碍。本教材在解决高职院校教材资源匮乏问题的同时,助力各大院校完善酒店管理专业课程体系,传播收益管理文化,提升人才培养效果。

在"培养学生适应现代酒店先进管理运营模式需要"理念的指导下,本教材主要有以下三个方面的特点:第一,基于酒店收益管理日常工作内容的需要,重新梳理和构建酒店收益管理的知识体系,做到"理实结合",构建以任务为驱动的课程体系;第二,教材中引用了大量酒店的经营数据、经营报表和相关经营案例,力求反映现代酒店运营管理中的"真"问题,从而达到提高学生分析解读经营数据能力的效果,在满足高职学生认知学习规律的同时突出"能力本位"的教学理念;第三,专业知识与课程思政有机融合,每个项目中设计了独立的课程思政板块,针对项目中的知识体系设计开发了管理案例、新闻报道、社会事件等课程思政资源,其核心目的是在培养学生企业数字化运营思维和能力的同时,使学生树立正确的商业伦理价值观,对学生起到价值引领的作用。同时,本教材获得了"湖南省普通高校线上线下混合式一流本科课程'收益管理'"项目的资助,是该项目的阶段性成果。

本教材内容从有效实施收益管理的行业特征入手,站在企业市场竞争的角度,以大

酒店收益管理

量酒店经营数据、收益管理系统报表以及相关案例等课程资源为基础,详细阐述了收益管理概述、酒店竞争群、酒店市场细分体系、客房价格体系、酒店市场需求预测、酒店收益管理策略、酒店营销渠道管理等方面的知识以及相互间的联系。本教材共有七大项目。每个项目设定了对应的项目目标,还有项目描述、知识导图、学习重点、项目导入、同步思考、同步案例、课程思政、项目小结、项目训练等多项教学内容,帮助教师以多种形式开展教学活动和对学生进行能力训练。本教材适合高等院校酒店管理类专业教学,也可作为酒店从业人员的培训和自学用书。

在本教材的编写过程中,编者较为注重酒店收益管理的实际应用,参考了大量中外文献、行业报告及实际案例。本教材由湖南师范大学旅游学院邓逸伦拟定全书框架和课程思政资源并负责本书项目一和项目二的撰写;长沙商贸旅游职业技术学院杨曦负责项目三的撰写;郑州旅游职业学院郑月月负责项目四的撰写;长沙商贸旅游职业技术学院彭维捷负责项目五的撰写;四川旅游学院杨柳负责项目六的撰写;郑州旅游职业学院郑琪负责项目七的撰写;长沙职业技术学院李花负责全书统稿;湖南师范大学夏赞才教授对全书框架制定、内容设计、案例选择等方面进行了全面的指导。壹蹴云科技(上海)有限公司与长沙菲尔德信息科技有限公司开发的"壹蹴云全收入流整合分析系统"为教材编写提供了大量的酒店模拟经营数据及报表,丰富了教材的资料,本教材也借此机会向读者推荐这款酒店收益管理系统。最后,教材的编写还得益于许多酒店业收益管理从业人员、酒店业咨询公司、酒店运营公司及湖南师范大学师生的支持和帮助,湖南师范大学职业技术教育(旅游服务)专业研究生曾瑶、曲苑为本教材相关资料的收集和整理提供了大量帮助,在此一并表示感谢!前路漫漫,本教材作为酒店行业数字化运营新形势下的引玉之砖,不足之处在所难免,还望各位教师、行业专家及广大读者不吝赐教,帮助我们持续改进,共同推广酒店收益管理文化。为鼓励各院校开展线上线下混合式教学,方便广大读者线上学习,本教材还有完整配套的线上课程资源"数据驱动——酒店收益管理",课程网址:https://coursehome.zhihuishu.com/courseHome/1000002670/102914/17#teachTeam。

注:本书微课视频仅供学习参考之用,未与正文一一对应,内容以教材为准。

编 者

目录 MULU

项目一　收益管理概述	1
任务一　收益管理的缘起	3
任务二　有效应用收益管理的行业特征	6
任务三　酒店收益管理的内涵	9
任务四　衡量酒店客房经营的三大基础指标	13
任务五　衡量酒店客房经营的三大市场指标	15
项目二　酒店竞争群的建立	20
任务一　科学建立酒店竞争群的作用与意义	23
任务二　建立酒店竞争群的原则	26
任务三　如何建立酒店竞争群	31
项目三　酒店市场细分	39
任务一　市场细分的概念及原则	42
任务二　酒店市场细分的意义	44
任务三　酒店市场细分的方法	48
任务四　酒店细分市场的评估——SWOT 分析法	54

项目四　客房价格管理　60

- 任务一　传统的酒店客房定价方法　62
- 任务二　动态定价　70
- 任务三　最佳可用房价　74
- 任务四　酒店客房价格体系的建立　83

项目五　酒店市场需求预测　93

- 任务一　酒店市场需求预测概述　95
- 任务二　酒店市场需求预测的主要内容　98
- 任务三　酒店市场需求预测的方法　104

项目六　酒店收益管理策略　111

- 任务一　价格弹性　112
- 任务二　停留时间控制　115
- 任务三　团队置换分析　118
- 任务四　超额预订　120

项目七　酒店营销渠道管理　126

- 任务一　酒店营销渠道概述　128
- 任务二　酒店线上分销渠道系统的建立　134
- 任务三　酒店如何选择线上分销渠道　138
- 任务四　影响酒店线上分销渠道收益的主要因素　141

推荐阅读　148

参考文献　150

二维码资源目录

二维码对应微课	项目	页码
微课:收益管理的起源	一	6
微课:衡量酒店客房经营的三大基础指标	一	15
微课:建立酒店竞争群的意义	二	31
微课:如何建立酒店竞争群	二	36
微课:酒店市场细分的方法	三	54
微课:传统的酒店客房定价方法	四	70
微课:最佳可用房价的制定	四	83
微课:酒店市场预测的主要内容	五	104
微课:停留时间控制	六	117
微课:超额预订	六	123
微课:酒店线上营销渠道的管理	七	134

项目一
收益管理概述

 项目描述

　　收益管理作为一门融合多学科理论知识的新型学科,近年来越来越受到学界和酒店业的重视。收益管理人才已成为信息化时代下酒店业极为稀缺的资源之一。对收益管理的起源、内涵、适用行业特征、衡量指标等方面的学习,有助于学生深刻认知收益管理这种现代科学管理的方法和技术,以更好地培养酒店数字化运营的基本思维。

 项目目标

知识目标
1. 认知收益管理的内涵——5R 定义。
2. 理解有效运行收益管理的六大行业特征。
3. 识记衡量酒店客房经营的三大基础指标和三大市场指标的概念、行业术语、计算公式。

能力目标
1. 能够辨别可以有效运用收益管理的行业。
2. 能够运用衡量酒店客房经营的三大基础指标解读、分析酒店客房经营情况。
3. 能够运用衡量酒店客房经营的三大市场指标解读、分析酒店客房经营在竞争群中的表现。

思政目标
1. 培养学生企业数字化运营思维。
2. 培养学生的思辨能力及批判性思维。
3. 培养学生的创新精神,树立不畏困难、勇于开拓的价值观。

酒店收益管理

知识导图

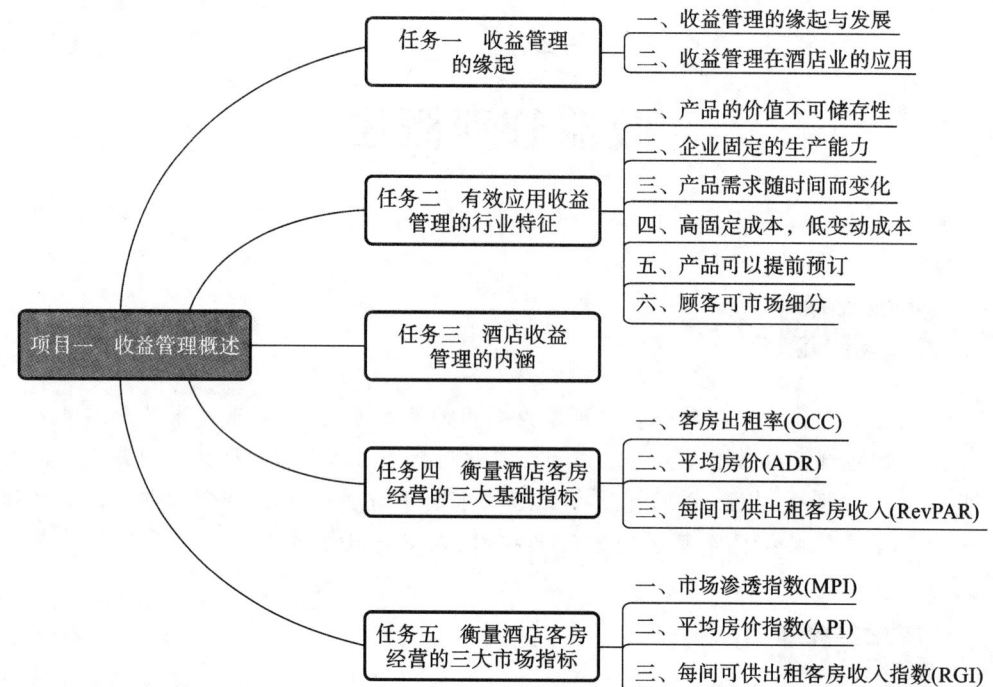

学习重点

1. 收益管理的内涵。
2. 有效运行收益管理的六大行业特征。
3. 衡量酒店客房经营的三大基础指标。
4. 衡量酒店客房经营的三大市场指标。

项目导入

海底捞餐厅针对大学生推出了一项折扣活动，具体如下：周一到周五每天14点到17点及22点到次日7点，周六和周日深夜0点至早上7点，即可享受6.9折优惠；周六和周日两天早上9点至深夜0点，可以享受8.8折优惠。大学生只需要登录支付宝，然后搜索"海底捞"就可以领取高校学生优惠券。这项优惠政策对于大学生来说非常经济实惠，有不少大学生会相约一起，如果哪个工作日下午没有课，就会从14点一直吃到17点，这样当天就不用再吃午餐和晚餐了，而且还享受6.9折优惠，真的是非常经济实惠。海底捞餐厅的这项活动获得了广大大学生的青睐，而对于海底捞餐厅来说，工作日的下午往往客流量较少，通过这项活动可以很好地提高餐厅的利用率，从而提升餐厅的整体收入。

★剖析：首先，海底捞餐厅此次活动瞄准了没有稳定收入且对价格敏感但时间相对自由的大学生群体；其次，为提高整体收益，海底捞餐厅针对在工作日的下午客流量往往较少的情况，通过推出大力度折扣的方式获得了大学生的青睐，从而提高低客流时间段的上座率；最后，海底捞餐厅选择了与支付宝进行合作，利用支付宝的相关功能完成大学生的身份审核工作。那么海底捞餐厅推出这项优惠政策的依据是什么呢？实际上，其中蕴含着收益管理的理念。接下来，我们将系统地学习收益管理的相关内容。

任务一　收益管理的缘起

一、收益管理的缘起与发展

收益管理起源于民用航空业，是美国的航空公司在 20 世纪 80 年代为解决激烈的市场竞争问题而提出的一种新的管理方法。

同步案例

1978 年 10 月 24 日，为了促进航空领域的自由竞争，美国总统卡特签署了《航空业解除管制条例》，美国民用航空部放松了对价格的管制，废除了航空价格管制法案。在此之前，美国所有的航空公司票价都按照飞行里程数执行严格的固定票价机制。在放松航空业价格管制后，一瞬间出现了大量廉价航空公司，如美国人民快递航空公司（American People Express Airline），以低于大型航空公司 50%～70% 的票价吸引了大量顾客。低成本战略成为小型航空公司的主要运营策略，使得大型航空公司的客源不断流失，导致整个航空业利润急剧下降，美国航空业价格战一触即发。

面对激烈的竞争，作为大型航空公司代表的美国航空公司（American Airline）尝试利用计算机技术抓取客户数据，分析客人行为。例如将客人分成休闲型和商务型两种类型，休闲型客人往往提早订购机票，对价格敏感；而商务型客人则往往临时订购机票，对价格不太敏感，愿意支付更高价格购买机票。在此基础之上，美国航空公司针对不同类型的客人制定了不同的定价策略，在为提前订票的客人提供折扣价格的同时，又保留一定数量的座位给临时预订的高价客人。通过这样的方式，既抢夺了廉价客户市场，又没有失去高价客户，提升了航班的上座率。

美国航空公司采用这种做法成功地将廉价航空公司的客源争取过来，因此，廉价航空公司的客源流失，在市场竞争中以失败告终。在此事件中美国航空公司利用计算机技术建立起来的数学模型与管理方式，成为收益管理理论的雏形（图 1-1）。1989—1992 年，收益管理为美国航空业增加了约 14 亿美元的收入。美国航空公司的成功经验引起了行业内各企业的高度重视，并纷纷引入收益管理理念制定飞机票价。

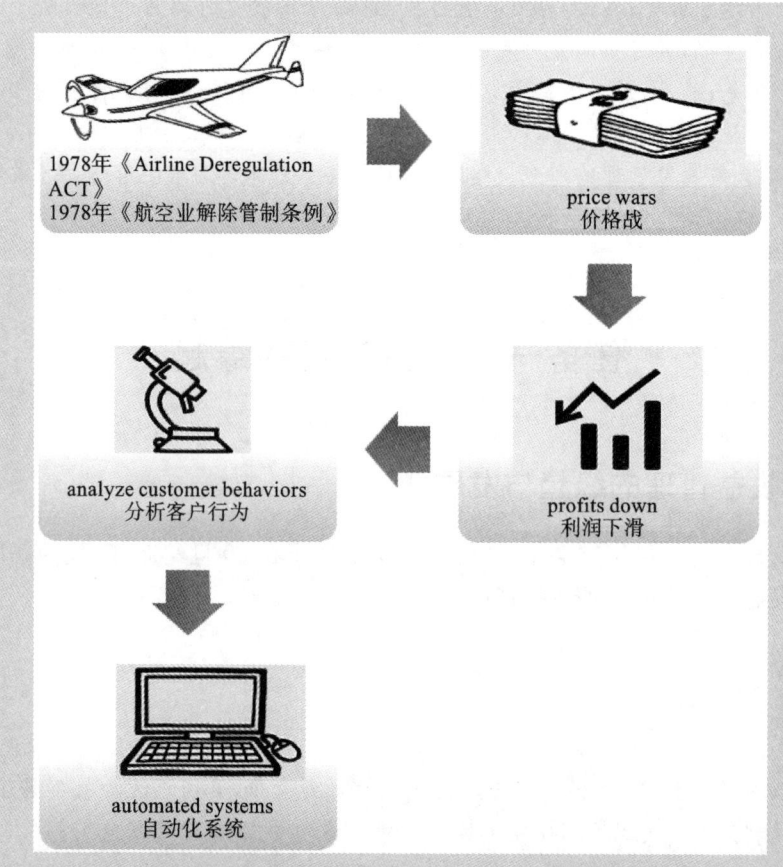

图 1-1　美国航空业价格战促使了收益管理的产生

　　我国航空业在 21 世纪初开始引入收益管理,中国南方航空公司成为第一家应用收益管理制定飞机票价的企业,2004 年,中国航空业获得了全行业"利润 86.9 亿元,相当于前十年利润总和"的傲人成绩,产生这一"奇迹"的核心原因就是航空业利用了收益管理原理。

二、收益管理在酒店业的应用

　　收益管理在航空业的巨大成功,引起了学术界和其他行业的关注。由于航空业产品与酒店客房产品的相似性,收益管理在酒店业中也得到了有效的应用,而最先将收益管理引入酒店业的就是著名的万豪国际酒店集团公司(Marriott International),即万豪国际集团。万豪国际集团投资研发了第一款属于酒店业的收益管理系统——OneYield。随后,假日、希尔顿、喜达屋等知名酒店集团都开始投入研发自己的收益管理系统。万豪国际集团董事长比尔·马里奥特曾说:"收益管理不仅为我们增加了数百万美元的收益,同时也教育了我们如何更有效地管理。"

　　近年来,收益管理经理在酒店管理层中扮演越来越重要的角色,工作汇报对象已经从市场销售总监逐步发展到总经理,这足以说明高质量人才是酒店实施收益管理战略的关键。但是,目前收益管理在人力资源上面临两个急需解决的问题:一是收益管理人才有限;二是还未形成成熟的收益管理人才培养方案。

在收益管理人才有限的情况下,一些国际酒店集团通过设立区域收益管理中心来实施集中式的收益管理,即一个收益管理经理负责多家酒店。集中式管理体系有两种不同的管理模式:一种是将总部收益管理中心的团队成员划分到不同地区,每个团队成员将作为区域收益经理,负责所在区域的酒店,但所有团队成员仍集中在总部工作,一般每个成员负责3~6家酒店;另一种是按功能组建区域团队,负责各区域的收益管理工作。每个团队的人数为3~5人,但都包括一个收益管理分析师(负责收集和分析区域内酒店数据)、一个专职人员(负责各个酒店预测)和一个负责人(安排主持每周的收益会议),每个团队负责10~15家酒店。

以上两种管理模式各有优劣。第一种以酒店为核心的部署方法可以清楚地了解酒店的整体运营情况,而第二种功能部署方法可让团队成员专注于一个或两个任务,有助于提高日常工作效率。从酒店总经理以及业主的反馈来看,第一种的权责更明确并可节省沟通成本,更容易实施。但是无论哪种模式,都需要依赖相关的自动化收益系统,才能确保利用正确的信息和数据进行高效准确的决策分析。因此,集中式管理模式虽然在一定程度上解决了人才短缺的问题,却带来了新的挑战。

收益管理人力资源的另一个问题是,缺少收益管理人才培养方案。想要培养出高质量的收益管理人才,首先要明确收益经理需要具备的知识和技能。随着酒店业面临的挑战不断增加,收益经理的职责也经历了从分析师到决策者、从领导者到变革者的巨大转变。收益经理不仅需要掌握一定的技术技能,比如熟练使用各种工具制定价格和控制客房量库存,还需要具备较强的分析能力、决策能力以及战略思维,比如通过竞争群的分析构建酒店的市场细分体系,调整酒店的市场战略定位。由此可见,想要培养出合格的收益管理人才必定花费很多的时间和成本,一些具备长远战略眼光的酒店或酒店集团管理者,已将培养和储备收益管理人才提上了工作日程,这种复合型、实践型的现代管理人才已成为未来酒店业发展的重要战略资源。

 同步案例

发怒的预订主管

一位收益管理咨询师在向酒店预订部提出按要求提交日常数据时,受到了强烈的抵触。预订主管提出如下反对意见。

(1)酒店总客房数是350间,那么每天可用的客房就是350间,这个数字不用每天提供。

(2)每天的出租率、平均房价等数据,酒店管理系统中都有,谁要看可以自己查。

(3)no-show等数据酒店管理系统中也有。

(4)以上所列的这些数据系统中都有,没有必要每天统计出来,更没有必要统计未来30天的,因为未来30天的数据,有交过定金的、没交定金的,还有临时占房的,统计了也没有参考意义,等等。

咨询师说:"是的,这些数据必然来自PMS(酒店经营管理系统),我们要对市场状态做具体分析,就必须把这些有用的数据统计清楚,然后进行具体分析。"

预订主管坚持说:"你这是多此一举。系统里什么数据都有,你要什么都可以查到。"

咨询师说:"那好吧,数据你都有,那我现在问你几个问题,每个问题请你在3分钟之内回答我就行。"咨询师提出的问题如下。

(1) 昨天 no-show 了几间客房?谁接受预订的?哪个单位预订的?产生的收入损失是多少?

(2) 昨天酒店的平均房价是多少?自来散客客房有多少间?自来散客客房的平均房价是多少?

(3) 从现在开始计算,未来30天里,我们的客房收入是多少?团队占多少?散客占多少?交定金的收入有多少?没有交定金的有多少?只是占房的有多少?

……

咨询师的问题还没有问完,这位预订主管怒了。

咨询师说:"如果你填写了这个表格,所有的问题你能立即回答出来,而且你每天的工作量最多只用15分钟就可以完成。"

(案例来源:魏云豪,《收益管理——有效降低空置率,实现收益翻番》,2018年。根据书中案例改编。)

★剖析:随着收益管理在酒店业的普及,酒店业的投资人和管理者越来越认可并清醒地意识到收益管理对于酒店可持续发展的重要性。但是,收益管理在我国酒店业实际的推广和应用中,仍然面临着不少障碍。其中,阻碍酒店收益管理取得成功的一个很大的因素就是旧观念的固化,对收益管理认识不够深入,甚至是心存偏见。可见,旧观念的转变和对新理念的接纳对国内酒店来说还需要一段时间,但是现实数据也清楚地表明,收益管理的实施对现代酒店来说势在必行,早日实现收益管理理念和实践的融合是我国酒店业现代化和国际化的关键。

微课
▼

收益管理的起源

任务二　有效应用收益管理的行业特征

 同步思考

收益管理起源于航空业,但它出现后,却立刻引起了酒店业的高度关注,并在酒店业中获得了广泛的应用与发展,其中的原因是什么?

我们不妨思考酒店业产品与航空业产品的相似性,方可得出答案。我们都知道,航空业的核心产品是飞机上的座位,而酒店业的核心产品则是客房。请同学们思考这两项产品的共同特征有哪些。

一、产品的价值不可储存性

价值不可储存性指的是酒店的客房和飞机上的座位具有时效性,存在销售上的时间限制。如果在某一时间点后,产品仍未被售出,那么这些产品就永远失去了价值。飞机起飞后机舱里的空座位与酒店营业日结转后没有卖出去的客房一样,产品当日的价值没有实现,并且无法通过后期销售进行价值的弥补。在管理学中,通常将此类产品称为"易逝品"。

二、企业固定的生产能力

众所周知,飞机上的座位数量是有限的,而一家酒店的客房数量也早在投资建造时就已经确定,产品的供应量在相当长的一段时间内都会固定不变。由于供应量的固定以及产品的价值不可储存性两个特征,导致此类产品在定价时要非常注意,既要避免由于定价过高,无人购买,导致产品价值无法实现的情况出现,又要防止由于价格过低,产品过早被抢购一空,导致后续即便有愿意支付高价格的顾客出现时,我们却没有办法为他们提供产品的情况出现。

三、产品需求随时间而变化

产品的需求随时间的变化而变化是指市场的需求不稳定,航空业与酒店业都有比较明显的淡旺季之分。如果我们一直执行一个固定价格,就很容易出现前面所讲到的定价过高或过低的情况。面对多元化的市场,顾客在对企业提供产品或服务的感知度和敏感度上存在着显著差异,这意味着,采用单一的大市场或价格策略都可能导致顾客或潜在收益的流失。因此,实行收益管理的企业应根据自身经营的淡旺季合理制定企业产品的价格,以提升企业的收益能力。

四、高固定成本,低变动成本

购买一架飞机和投资建造一家酒店的固定成本是非常高的,但随着业务量的变动而呈线性变化的变动成本是较低的。直接人工与材料都是典型的变动成本,飞机飞行的燃油费用,客房售出后的水电费用、清洁费用、一次性消耗品费用等都属于变动成本的范畴。但各项变动成本加总在一起后,相较于机票和房间的价格来说占比却很小,即飞机座位与酒店客房产品的经营毛利较高。例如,当一间客房的售价是 100 元/天,而客房卖出后的变动成本(水电费用、清洁费用、一次性消耗品费用等)加总在一起为 15 元,那么每多售出一间客房,便可为酒店获得 85 元的经营毛利。产品的高经营毛利可以有效补偿固定成本的投入,同时也给了企业降价销售产品的空间,特别针对具有价值不可储存性的产品而言,在面对高价卖不出去的情况时,我们就可以考虑通过降价的方式来实现产品的价值,如酒店业中的"尾房"甩卖行为。

同步案例

携程:"今夜尾房"赋能酒店业主推动尾房销售

近两年来,酒店行业整体发展状态以及收益率、入住率等相关核心数据仍有不小的提升空间。而在新零售时代,个性化的用户体验和数据智慧化的管理模式,成为酒店行业关注的重点之一。如今,消费者利用手中的智能手机,可随时随地操作,在"最后一刻"才预订当晚的酒店客房成为新的消费趋势,这种酒店尾房销售模式数年前曾红极一时,但是由于平台和酒店在资源和数据方面的不匹配,往往供求两端都不满意。

携程为进一步强化尾房销售模式,利用大数据模型以及个性化数据分析,升级推出了酒店"今夜尾房",推动酒店当天尾房销售,不断赋能商家的同时,也为消费者带来更多优质产品。

携程大住宿事业群国内平台总经理杜亮亮表示,携程推出的酒店"今夜尾房",18 点到次日 6 点预订当日酒店,有超过 1000 个城市的 20000 多家酒店可供选择,而且价格优惠,最高的超过 40%。携程通过"今夜尾房"可以在"最后一刻"为消费者提供一个非常优惠的折扣价格,让消费者得到实惠,同时,这样也让酒店尾房得以销售,降低了空置率,实现了酒店与消费者的双赢。

华美顾问集团首席知识官、高级经济师赵焕焱认为,这种特价销售酒店当天尾房的点子并不新鲜,但是实际操作起来并不易。酒店的信息化程度、消费者实时获取信息的能力等都是难点,但是,在移动互联网时代,这种问题迎刃而解,特别是基于像携程这样的客户端,让信息化的问题得以解决,而酒店业务一直都是携程的优势,携程在国内主要酒店均设保留房、预订即时确认、旺季房源充足等,也为其推动酒店当天尾房销售奠定了坚实的基础。

(案例来源:品橙旅游.携程:"今夜尾房"赋能酒店业主推动尾房销售)

五、产品可以提前预订

在"互联网+"的时代背景下,预订产品越来越便捷,而产品可以提前预订的特性给企业赋予了一种能力。那就是企业根据产品预订情况来预测未来市场需求的能力。酒店可以根据产品的预订情况采取有效的控制策略。根据市场需求的波动进行定价,在收益管理中通常称为动态定价(dynamic pricing),例如,我们预订机票时会发现机票价格并非固定不变的,而是实时波动的。

六、顾客可市场细分

乘坐飞机和入住酒店的顾客在购买意愿、行为方式、价格敏感度以及消费能力等方面都可能存在差别。因此我们将顾客依据一定的原则进行细分市场,并尝试通过一定的限制条件对各个细分市场的顾客采取"差别定价"。例如:酒店行业中会对散客和公司协议散客采取不同的定价策略。

以上就是我们对飞机座位与酒店客房两类产品共同特征的分析,这六大特征也是可以使收益管理得到有效实施的行业共性。一般来说,能够使收益管理行之有效的行业往往具备以上六大特征。除航空业和酒店业外,收益管理还在高铁、电信运营、高尔夫球场、餐厅、会议会展、养老康养、停车场、旅游景区等多个行业发挥着积极作用。

同步思考

请运用以上六大特征对如下几个行业进行分析,判断以下哪些行业能够有效实施收益管理? 并说明原因。

(1) 零售书店。
(2) 演唱会。
(3) 游轮。
(4) 手机制造。
(5) 电影业。
(6) 饮料业。
(7) 汽车制造。
(8) 汽车租赁。

分析提示

任务三　酒店收益管理的内涵

有关收益管理的定义,专家学者从不同的角度有不同的诠释。Kimes(1989)在综合研究的基础上结合营销学理论,提出了 4R 理论,即在正确的时间和地点(right time and place),以正确的价格(right price)向正确的顾客(right customer)提供正确的产品或服务(right product or service),实现资源约束下企业收益最大化目标。4R 理论充分反映了收益管理的市场运行模式,被认为是目前对收益管理较为全面和准确的诠释。因此,收益管理就是对不同时段的资源(如酒店的客房等)和价格进行有效管理,通过有效利用企业的有限资源,并根据不同时段资源的价值制定合理价格的途径来提高企业收益。

随着互联网时代的到来,企业售卖产品的营销渠道可分为线上和线下、直销和分销等多种类型,企业复杂的营销渠道体系对经营收入产生了重大影响。因此,营销渠道管理也逐渐被纳入收益管理的内容体系中。在以上基础上,酒店收益管理的内涵可简单地概括为 5 个方面,如图 1-2 所示。

合适的产品、合适的时间、合适的渠道、合适的价格及合适的顾客就是酒店收益管理的五大核心内容。表 1-1 所示为收益管理定义中"合适"的一般释义。如果用一句来

图 1-2 酒店收益管理的内涵——5R

概括收益管理,我们可以说,收益管理是在合适的时间把好的产品以精准的价格通过正确的渠道销售给各细分市场从而实现收益最大化的过程。收益管理在酒店经营管理中同样如此。例如,某一家酒店,星期五的客房需求量很大,经常满房,但周六、周日客房的市场需求并不旺盛,经常有大量客房空置。因此,在接受顾客预订时,该酒店就可能会提高只预订周五一晚的客房价格,而同时推出周五到周日连住 3 晚的折扣价格,以此来提升酒店周末低市场需求期的客房出租率,从而提升酒店的总体收益。

表 1-1 收益管理定义中"合适"的一般释义

五要素	"合适"的一般释义	收益管理方法
产品	能满足不同细分市场顾客需求的产品	品牌文化 品牌优质化与差异化创造卖点
时间	把握产品出手的最佳时机	市场预测分析与决策 细分市场与容量控制 杜绝"先来先得"
价格	最佳可用房价(BAR)及满足市场需求的价格体系	价格优化与动态定价 关闭与开放价格等级
渠道	销售渠道管理、优化与选择	直销与分销渠道比例、转换率 大数据与顾客黏性
顾客	为酒店创造价值的顾客	市场细分 寻找最有价值的顾客

(资料来源:祖长生,《饭店收益管理》,2016 年)

同步案例

如何制定预订策略

某酒店共有标准间客房 15 间,自周日起至下周六每天还有 5 间客房可以出售,假设本周顾客按序通过电话以不同的价格要求预订一间客房(表 1-2)。假设一旦这一周的一间客房被确认接受预订就不能取消或修改,并不能进行超额,预订客房,A、B 两位经理用不同的方法来处理这些预订,那么,会给酒店带来怎样不同的收益呢?

表 1-2　客房预订要求

电话序号	客房价格/美元	到达日期	住店天数	评论
1	80	星期四	3	
2	80	星期二	2	
3	120	星期三	2	
4	40	星期一	1	40 美元低于平均客房价格目标。如果星期一有空房间,你会接受 40 美元的价格吗?许多酒店经理不愿意使每月的平均房价目标落空,而不让团队顾客入住酒店。所以请注意你要的价格
5	120	星期二	1	
6	60	星期四	3	首先,告诉顾客这是极大的优惠价(而不是告诉他们客房价格);其次,告诉顾客这是很优惠的客房价格
7	120	星期六	1	
8	60	星期二	5	
9	60	星期四	3	这是包括晚餐、表演和娱乐活动的全部价格,相当于每晚附赠 110 美元价值的活动。讨论客房收入目标与整体利润的关系。在整体价值基础上而不仅仅是在客房价格基础上制定价格标准
10	40	星期二	5	
11	80	星期二	5	
12	120	星期六	1	
13	100	星期一	2	
14	60	星期五	2	
15	100	星期五	2	
16	100	星期日	7	失去这笔业务会对你造成多大的损失?
17	40	星期日	3	
18	60	星期日	4	

首先来看，A 经理按照传统的预订方式，没有采用收益管理策略，而是采取"先来先得"的原则订房。其目的是最大限度地提高客房出租率，结果使酒店失去了本可以得到的潜在收入。A 经理之所以采取"先来先得"的原则订房，是因为缺少对收益管理思想和方法的了解，不懂得对酒店历史数据进行收集、分析和预测，认为"先来先得"的原则是获得高收益的最佳方式，从而导致了酒店收益的流失。表 1-3 是 A 经理按照"先来先得"原则处理订房的结果。可以看出，以上 18 个顾客要求预订的总间天量为 52 间天，酒店下一周最大可销售客房量为 35 间天，A 经理共计出售了 26 间天，平均客房出租率为 74.29%，获得客房收入 1900 美元。

表 1-3　A 经理处理预订的结果

项目	星期日	星期一	星期二	星期三	星期四	星期五	星期六	总数
客房 1		40	80	80	80	80	80	440
客房 2			120	120	120		120	480
客房 3		100	100		60	60	60	380
客房 4			60	60	60	60	60	300
客房 5	40	40	40		60	60	60	300
总数	40	180	400	260	380	260	380	1900

下面再来看 B 经理运用收益管理思维来处理这些预订会有怎样不同的结果。B 经理运用收益管理思维和方法，首先对历史数据进行了收集、分析和整理，并对酒店下一周市场需求情况提前进行了预测分析。通过预测，B 经理得知下一周将会有高价订房并入住时间在 3 天以上的顾客。于是采取了对客房进行预订控制和优化分配的方式来处理这些订房，制订了预留两间客房给支付意愿在 80 美元以上且连续入住 3 天以上顾客的方案，颠覆了传统的"先来先得"的预订方式，得到表 1-4 所示的结果。B 经理同样出售了 26 间天客房，平均客房出租率也是 74.29%，酒店却获得了 2360 美元的客房收入，而且没有多付出任何成本。

表 1-4　B 经理处理预订的结果

项目	星期日	星期一	星期二	星期三	星期四	星期五	星期六	总数
客房 1			80	80	80	80	80	400
客房 2			120	120	120		120	480
客房 3		100	100		60	60	60	380
客房 4			80	80	80	80	80	400
客房 5	100	100	100	100	100	100	100	700
总数	100	200	480	380	440	320	440	2360

由此看出，A、B 两位经理面对同样的预订需求，售出了同样的客房数量，B 经

理却在酒店仅付出少量边际成本的前提下,通过实施收益管理策略,留住了更有价值的潜在顾客,增加了客房的收入。B 经理获得的客房收入是 2360 美元,比 A 经理的 1900 美元多了 460 美元,说明仅仅在一周内,酒店可实现提高潜在收益的百分比就可达到 24.21%（(2360－1900)÷1900×100%）。如果把这个百分比应用到年度收入中,将会对酒店营业收入的提高起到重要的作用。值得关注的是,由于酒店存在着高固定成本和低变动成本的特点,营业收入的增加值多会转变为酒店利润。例如:某酒店营业收入为 1000 万元,利润率是 5%,边际变动成本率是 10%,如果采用收益管理策略,使营业收入提高 5%,那么它的利润将会增加 90%。

如前所述,收益管理理论和方法作为企业提高收益的市场利器目前已被航空业、酒店业以及运输业等诸多行业所采用,并且这一理论和方法在帮助这些行业提升收益方面起着非常重要的作用,对企业实现收益最大化的目标具有积极的现实意义。

（案例来源:祖长生,《饭店收益管理》,2016 年）

任务四 衡量酒店客房经营的三大基础指标

在系统学习了理论知识之后,下一步是实践运用。了解了收益管理的内涵,接下来要对酒店的经营情况进行评估。那么,该如何对酒店的经营情况进行评估呢? 首先,会用到两个评价指标。在酒店的日常经营中,能够反映客房经营状况的是客房出租率与已出租客房的平均房价两个指标,它们长期被用于指导客房管理。可是仅仅靠这两个指标是不够的,还要用到综合性的评价指标每间可供出租客房收入（RevPAR）,接下来将一一阐述。

一、客房出租率(OCC)

客房出租率（room occupancy rate,简称 OCC）,是指酒店已出租的客房数占酒店可以提供的客房数的百分比。其含义是以百分比的方式表现客房销售数量的多少,客房出租率越高,说明酒店客房销售能力越强、客情越好、客房的空置率也越低;客房出租率越低,说明酒店客房销售能力越弱、客情越差、客房的空置率也越高。客房出租率是反映酒店经营状况的一项重要指标,其计算公式如下:

客房出租率＝已出租客房数÷可供出租客房总数×100%

一般来说,已出租客房数是指酒店被占用或者被租出去的客房数量,不包括酒店免费提供给客人使用的客房和酒店内部自用房,因为这些客房并没有给酒店带来收入;可供出租客房总数不包括自用房、维修房（坏房）以及客人因各种原因所调换出的不能用于出租的客房数量。虽然公式很简单,但在收益管理的实践中,各个酒店可能在已出租客房数和可供出租客房总数的概念认知上存在一定差异,并不与以上的说明完全一致,存在一些特殊情况。例如,有些酒店会把每一间 day use 房(日用房)的出售算成 0.5 间已售房累加到酒店的客房出租率上,从而导致酒店在经营旺季时有可能会出现客房出租率超过 100% 的情况,对于这些酒店来讲,即便当日客房没有全部售出,也可能让客房出租率达到甚至超过 100%。

二、平均房价(ADR)

平均房价(average daily rate,简称 ADR)也称为已售客房的实际平均房价,是酒店已出租客房总收入与酒店已出租客房数的比值。ADR 反映的是客房产品卖出的平均价格的高低,它的高低直接影响酒店的经济收益,其计算公式如下:

$$平均房价 = 已出租客房总收入 \div 已出租客房数$$

平均房价的高低与酒店不同房型价差、酒店执行的价格策略、客房出租率和客房销售类型结构等多方面有关。例如,由于酒店执行了优惠、折扣、免费等价格策略,会使实际的平均房价低于客房的原本标价,因此,酒店的平均房价低于酒店门市价的情况,在酒店的具体经营中经常出现,只有在经营旺季执行旺季价时,才接近甚至高于门市价。

另外,在收益管理的实践中,各个酒店 ADR 的计算也可能会存在一定差异。例如,有些酒店 ADR 的计算中出租客房总收入是包含早餐费用的,而有一些酒店在计算 ADR 时使用的是客房营业净收入。客房营业净收入是指酒店净房费收入,不含早餐、康乐等除房价以外的费用。自然,对于同一家酒店,按照出租客房总收入计算的 ADR 会比按照客房营业净收入计算的 ADR 更高。

三、每间可供出租客房收入(RevPAR)

每间可供出租客房收入(revenue per available room,简称 RevPAR),行业中简称为"单房收益"或"单房收入",是酒店出租客房总收入与酒店可供出租客房数量的比值。RevPAR 是衡量酒店客房经营状况的各类指标中最为关键和重要的指标,其计算公式如下:

$$每间可供出租客房收入 = 已出租客房总收入 \div 可供出租客房总数$$

实际上,在衡量酒店客房经营状况时,只谈已出租客房的平均房价是没有意义的,只有与客房出租率结合使用,才能反映酒店客房的经营效果。因为较高的平均房价有可能意味着较低的客房出租率,而较高的客房出租率则可能隐含着较低的平均房价水平。而 RevPAR 则不同,它是一定时期内,酒店每间可供出租客房的平均房价,因而能够较好地反映酒店客房的盈利能力和经营状况。通过公式的换算,我们可以得到每间可供出租客房收入、酒店已出租客房的平均房价、客房出租率三大指标间的转换关系:

$$每间可供出租客房收入 = 已出租客房总收入 \div 可供出租客房总数$$
$$= 已出租客房总收入 \div (已出租客房数 \div 客房出租率)$$
$$= 客房出租率 \times (已出租客房总收入 \div 已出租客房数)$$
$$= 客房出租率 \times 平均房价$$

即
$$RevPAR = OCC \times ADR$$

因此，RevPAR 是一个既反映客房销售数量，又反映客房销售价格的综合性指标，它具有平衡 OCC 和 ADR 的杠杆作用，是目前酒店收益管理中衡量经营水平最为关键和重要的指标。

扫描右侧二维码，可以获取一份 2020 年 2 月全球酒店业客房经营表现的行业报表。通过此报表，可了解 2020 年 2 月全球酒店业各个地区和主要城市 OCC、ADR、RevPAR 三大指标的表现情况，以及三大指标的同比数据，同时也可以了解到新冠肺炎疫情初期对全球酒店业经营的影响情况。

总之，客房出租率（OCC）、平均房价（ADR）、每间可供出租客房收入（RevPAR）成为目前全球酒店业衡量客房经营水平常用的三大基础指标。

 **同步思考**

RevPAR 的作用与意义

假设某家酒店共有 300 间客房，2021 年 9 月、10 月与 11 月客房经营情况如表 1-5 所示，请分析该酒店哪个月的客房经营效果最好。

表 1-5　酒店客房经营情况

时间	已售房间数	OCC	ADR/元	RevPAR/元	客房收入/元
2021 年 9 月	180	60%	880	528	158400
2021 年 10 月	240	80%	820	656	196800
2021 年 11 月	264	88%	700	616	184800

任务五　衡量酒店客房经营的三大市场指标

上一节介绍了衡量酒店客房经营的三大基础指标，它们分别是 OCC、ADR 和 RevPAR。这三项指标都是针对酒店内部的。由于不同酒店具有不同的规模以及客房数量，所以，在评估酒店客房经营情况时，仅看内部指标是不够的，还应该关注酒店外部竞争对手的表现。也就是说要了解酒店外部的三大市场指标，这三大市场指标分别是 MPI、ARI 和 RGI。

一、市场渗透指数（MPI）

市场渗透指数（market penetration index，简称 MPI）是本酒店自身的平均客房出租率（OCC）与竞争群平均出租率的比值再乘以 100%。市场渗透指数能够反映酒店在

图

分析提示

微课

衡量酒店客房经营的三大基础指标

竞争环境中的获客能力，即客房出租能力（销售能力）的高低，其计算公式如下：

市场渗透指数＝本酒店客房出租率÷竞争群平均出租率×100％

由于不同酒店具有不同的客房数量、房型及比例的关系。客房种类是根据市场不同类型的需求而确定的。因此，在出租水平上各酒店之间会产生较大差异。但市场渗透指数能够从一个侧面反映本酒店市场运作的成熟度以及开发力度。如果市场渗透指数为100％，则表示本酒店在市场中客房出租能力达到了竞争群的平均水平。市场渗透指数是考查本酒店在对应区域市场占有率的重要指标。

二、平均房价指数（ARI）

平均房价指数（average rate index，简称 ARI），是本酒店自身的平均房价（ADR）与竞争群平均房价的比值再乘以100％。平均房价指数能够反映酒店在竞争环境中客房价格水平的高低，其计算公式如下：

平均房价指数＝本酒店平均房价÷竞争群平均房价×100％

在酒店的经营分析中，仅限于酒店自身经营数据的环比或同比是不够的，需要与竞争对手相比较，才能真正反映出本酒店在市场中的价格水平。但是，每一家酒店在竞争环境中可以达到的平均房价并不同，因此，我们将本酒店的平均房价除以竞争群平均房价的加权平均数来计算平均房价指数，从而反映每个酒店的价格地位、管理战略及其市场竞争力。如果平均房价指数高于100％，则表示本酒店在竞争环境中的价格高于竞争对手的平均水平，处于价格领先地位，具有一定的竞争优势。

三、每间可供出租客房收入指数（RGI）

每间可供出租客房收入指数（revenue generation index，简称 RGI），又称为收入指数或收益生产指数，是本酒店自身每间可供出租客房收入（RevPAR）与竞争群每间可供出租客房收入的比值再乘以100％。每间可供出租客房收入指数能够反映酒店在竞争环境中客房产品获利能力的高低，其计算公式如下：

每间可供出租客房收入指数＝本酒店每间可供出租客房收入÷竞争群每间可供出租客房收入×100％

为了衡量一家酒店获取收入的能力，需要综合考虑房价及出租率，并以两者的乘积来计算每年每间可出租客房的收入。如果每间可供出租客房收入指数高于100％，则表示该酒店在竞争环境中的客房获利强于或高于竞争对手的平均水平，具有一定的竞争优势。

以上三大市场指标从计算公式上来看是 OCC、ADR 以及 RevPAR 三大基础指标的延伸，将本酒店的经营数据与竞争群平均水平相比则可以得到。因为上一节已经提到，存在 RevPAR 等于 OCC 乘以 ADR 这样的关系。同理，从理论上讲也存在 RGI 等于 MPI 与 ARI 乘积的逻辑关系，RGI 也具有平衡 MPI 与 ARI 的作用，是各市场指标中最为关键的指标。但是在计算 RGI 指标时，由于计算上存在小数点数据偏差，并不建议直接使用 MPI 乘以 ARI 得出 RGI 的数值，这样有可能会放大误差从而导致 RGI 数值的不准确。

当本酒店这三大市场指标的数值大于1(100%)的时候,就说明酒店具有一定的竞争优势。由于是指数,所以在行业中常用100(100表示100%水平)作为参考标准,且数值越大,竞争优势越明显。例如,当RGI大于100的时候,说明酒店客房的整体经营效果以及营收能力在竞争群中表现较好,具有一定的竞争优势。

同步思考

假设某酒店是一家四星级酒店,共有334间可售客房,今年4月(30天)出售了7 515个房晚,获得789 075美元。另外有四家四星级酒店与该酒店位于同一地区,互为竞争对手。这五家酒店共有3 500间客房,同月这五家酒店共售出74 500个房晚,获得8 268 503美元的收入。下面先分别计算该酒店和竞争对手的OCC、ADR和RevPAR,然后再计算该酒店的MPI、ARI、RGI三大市场指数。结合计算结果,说明这些指标和指数揭示的含义。

课程思政

2020年全国5.9万家酒店关停,疫情对酒店行业的影响分析

据央视财经报道,《2021年中国酒店业发展报告》显示,2020年,我国大陆地区共减少了5.9万家规模在15间房以上的酒店类住宿设施,酒店客房减少了229.4万间,其中经济型酒店客房减少数量最多,达到207.2万间。

2016—2018年,中国酒店营业收入呈逐渐增加态势,增速有所放缓。2019年上半年,中国酒店营业收入为938.13亿元。艾媒咨询分析师认为,2020年的新冠肺炎疫情,会终止酒店营收增长的趋势,并且给酒店业带来巨大冲击。这一时期,中小酒店企业面临的问题更为严峻。

艾媒咨询数据显示,相较于2019年春节,酒店的入住率下降了46.24%,酒店RevPAR下降了299.75元。艾媒咨询分析师认为,春节期间原本是消费旺季,但受疫情的影响,群体性聚餐取消和各大旅游景点的关闭对酒店行业的运营产生了较大影响,缺乏完善的应急措施和处理流程的民宿和单体酒店,受到的疫情冲击只会更严重。

2020年第一季度,有超八成酒店商家表示疫情期间业务量下降了85.3%,仅有1.4%的受访商家表示业务量上升;在疫情影响下酒店商家运营困难,生存压力陡增。

(资料来源:艾媒网,2021-4-22)

图1-3是A酒店2020年全年客房经营情况的数据报表,请大家根据此报表分析疫情对该酒店经营的影响。

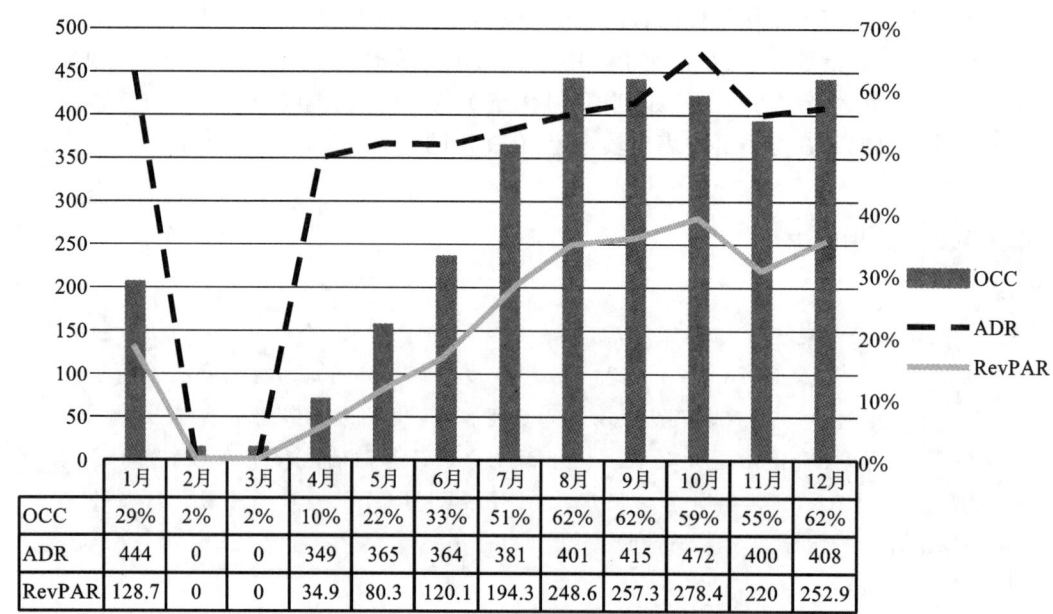

图 1-3　A 酒店 2020 年全年客房经营数据

（数据来源：根据"壹蹴云全收入流整合分析系统"报表编制）

项目小结

1. 介绍收益管理的起源以及在酒店业的应用情况，使学生对收益管理有初步的了解。
2. 说明有效应用收益管理的六大行业特征，使学生更好地把握收益管理的特点。
3. 阐述酒店收益管理的五大基本内涵。
4. 介绍收益管理中衡量酒店客房经营水平的三大基础指标和三大市场指标。

项目训练

一、知识训练

1. 收益管理起源于什么行业？
2. 酒店业应用收益管理的现状如何？
3. 如何理解酒店收益管理的内涵？
4. 在日常生活中，有哪些行业可以有效运用收益管理？
5. 如何计算酒店客房经营的 OCC、ADR、RevPAR、MPI、ARI、RGI 六大指标？

二、能力训练

1. 小 Q，2019 年 7 月正式成为酒店的一名收益经理，所在酒店坐落在国家级旅游休闲度假区，是当地一家知名的豪华度假型五星级酒店，该酒店共有 400 间客房。小 Q

到岗后,酒店总经理向他布置了第一个工作任务:对酒店过去一年(2018 年 7 月至 2019 年 6 月)的客房经营情况进行评估。

小 Q 将 OCC、ADR、RevPAR 三项指标绘制成图提交给总经理,总经理回复:请对所绘制的指标图进行分析并评估酒店客房经营情况。图 1-4 就是小 Q 绘制的酒店 12 个月客房经营数据图。请对这张图进行分析,可以分别从 OCC、ADR、RevPAR 三个方面来进行解读,尝试回答以下问题:

(1) 酒店经营的淡季和旺季分别是什么时候?
(2) 酒店 ADR 在哪几个月较高?为什么?
(3) 哪个月的酒店客房经营效果最好?为什么?
(4) 此酒店在客房经营上是否还有值得改进之处?

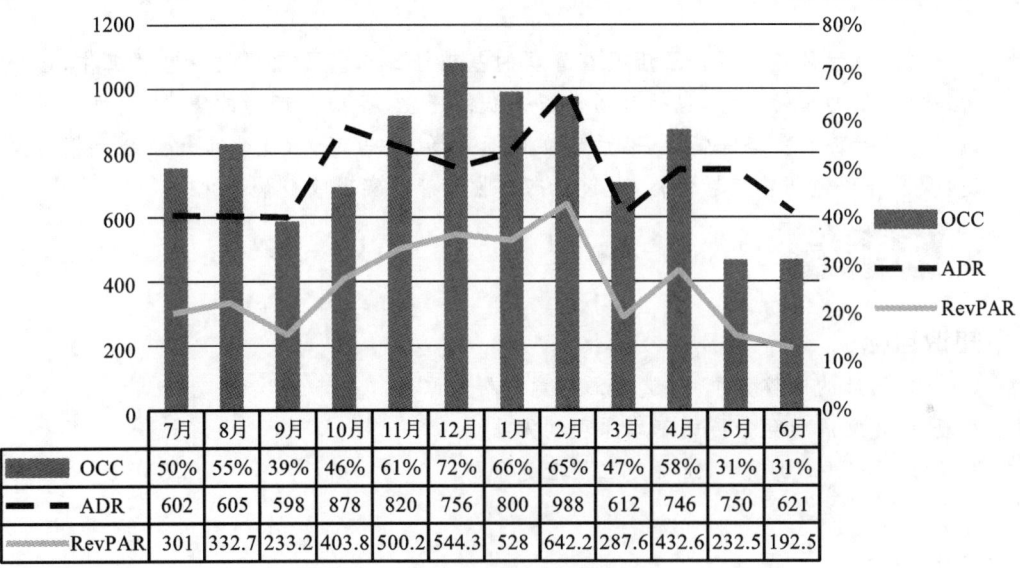

图 1-4 客房经营数据图

2.假设下面五家酒店互为竞争对手,形成一个竞争群,这五家酒店 2018 年与 2019 年的 RGI 表现如表 1-6 所示,请分析哪家酒店的客房经营表现最好。为什么?

表 1-6 酒店竞争群年度 RGI 同比数据

酒店	2019 年 RGI	2020 年 RGI	同比变化率
A	1.148	1.045	−9%
B	0.99	1.019	3%
C	0.926	0.954	3%
D	0.873	0.96	10%
E	1.1	1.032	−6.6%
市场平均	1.00	1.00	0.0%

项目二
酒店竞争群的建立

 项目描述

酒店市场环境分析是酒店收益管理的基础性工作。要做好收益管理工作,应分析酒店所处的市场环境,包括市场供需关系的变化、各细分市场的需求、竞争对手的比较竞争优势和劣势等情况,然后确立目标市场,适当定位,优化市场组合及销售渠道,及时合理地调整市场价格,通过动态的收益管理实现收益最大化。

 项目目标

知识目标
1. 评价酒店的比较竞争力,选定酒店竞争群的原则。
2. 理解建立酒店竞争群的基本原理和方法。
3. 理解50/50/70规则,正确建立酒店竞争群。

能力目标
1. 能够辨别哪些酒店会成为竞争对手,正确收集竞争对手的经营管理数据。
2. 掌握建立酒店竞争群的基本原理和方法,能分析酒店经营状况。
3. 能够运用50/50/70规则建立酒店竞争群。

思政目标
1. 培养学生以数据为驱动,科学认识企业竞争关系的数字运营思维。
2. 培养学生以评估企业竞争优劣势为基础的企业管理战略思维。
3. 培养学生良性竞争、合法经营、共同发展的价值观。

项目二　酒店竞争群的建立

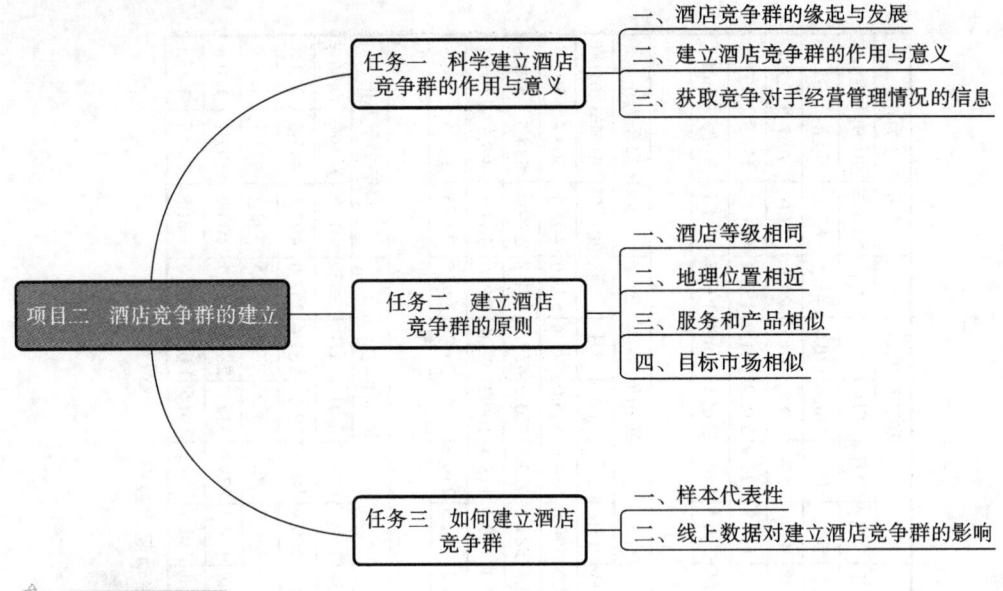

学习重点

1. 酒店竞争群的概念。
2. 建立酒店竞争群的 4P 原则。
3. 如何通过线上线下数据科学合理地建立酒店竞争群。

项目导入

　　图 2-1 是一张××酒店与酒店竞争群 2019 年 1 月至 2020 年 6 月共 17 个月的经营数据报表。在这份报表中我们可以看到,累积 17 个月的 MPI、ARI 以及 MPI 的数值。通过数据分析发现,该酒店 2018 年与 2019 年的 RGI 值在有 5 个酒店的竞争群中排名都是第 3 位,处于中游水平;但 2020 年的排名上升到了第 1 位,RGI 得分达到 180.6,远远高于竞争对手,在竞争中拥有绝对的优势。其中 ARI 得分为 105.1,证明酒店客房成交价格高于竞争对手 5% 左右,而 MPI 的得分高达 171.8,大幅超过竞争群平均水平,说明该酒店 RGI 得分较高主要依靠的是客房出租率的拉动。
　　而 2020 年上半年,由于受到新冠肺炎疫情的影响,整个酒店业都处于缓慢复苏阶段,许多酒店采取了降价促销等活动后经营效果仍不理想,有些酒店的出租率甚至保持在个位数。相对于竞争对手来说,在客房价格不降低的情况下,××酒店依然能将出租率维持在 30%～40%,这已经是非常难能可贵的了。××酒店已经是酒店恢复经营的模范企业了。该酒店在疫情控制后的恢复期所采取的经营策略、管理模式以及产品设计等都值得本行业关注学习。

OCC		2019年												2020年					本年迄今为止		
	1月	2月	3月	4月	5月	6月	7月	8月	9月	10月	11月	12月	1月	2月	3月	4月	5月	2018年	2019年	2020年
××酒店	75.4	69.4	82.9	80.0	83.3	81.9	87.6	86.4	79.8	83.6	82.1	78.5	57.2	17.3	36.2	30.9	45.8	67.1	78.4	37.8
酒店竞争群	68.1	51.3	73.3	77.0	82.0	75.1	81.8	82.3	76.1	79.8	77.9	71.9	49.3	5.4	10.7	10.3	29.8	72.0	70.7	22.0
MPI	110.7	135.2	113.1	103.9	101.6	109.0	107.1	105.0	104.9	104.8	105.4	109.3	115.9	320.9	336.9	301.0	153.4	93.1	110.9	171.8
排名	3 of 5	2 of 5	3 of 5	3 of 5	3 of 5	3 of 5	3 of 5	3 of 5	3 of 5	3 of 5	3 of 5	3 of 5	3 of 5	1 of 5	2 of 5	1 of 4	1 of 5	4 of 5	3 of 5	1 of 5
ADR		2019年												2020年					本年迄今为止		
	1月	2月	3月	4月	5月	6月	7月	8月	9月	10月	11月	12月	1月	2月	3月	4月	5月	2018年	2019年	2020年
××酒店	589.6	499.4	563.8	570.2	586.6	601.3	612.4	620.9	685.4	593.8	610.7	584.0	700.8	584.6	525.0	531.4	553.0	601.4	564.8	592.4
酒店竞争群	595.1	546.5	603.0	587.9	577.6	609.8	614.5	605.0	595.2	601.4	608.0	570.4	581.4	493.8	523.9	557.3	561.7	559.0	584.5	563.6
ARI	99.1	91.4	93.5	97.1	101.6	98.6	99.6	102.6	115.2	98.7	100.4	102.4	120.5	118.4	100.2	95.4	98.4	107.6	96.6	105.1
排名	2 of 5	4 of 5	3 of 5	3 of 5	3 of 5	3 of 5	3 of 5	3 of 5	2 of 5	3 of 5	3 of 5	3 of 5	1 of 5	2 of 5	3 of 5	3 of 4	2 of 5	2 of 5	3 of 5	2 of 5
RevPAR		2019年												2020年					本年迄今为止		
	1月	2月	3月	4月	5月	6月	7月	8月	9月	10月	11月	12月	1月	2月	3月	4月	5月	2018年	2019年	2020年
××酒店	444.5	346.5	467.3	457.0	488.7	492.5	536.4	536.6	547.3	496.3	501.5	458.6	400.9	100.9	190.1	164.4	253.0	403.4	442.6	223.8
酒店竞争群	405.4	280.5	441.9	452.8	473.4	458.2	502.5	498.2	453.1	479.7	473.9	409.9	286.9	26.6	56.3	57.3	167.5	402.7	413.1	124.0
RGI	109.7	123.5	105.8	100.9	103.2	107.5	106.7	107.7	120.8	103.4	105.8	111.9	139.7	379.9	337.7	287.0	151.1	100.2	107.1	180.6
排名	3 of 5	2 of 5	3 of 5	3 of 5	3 of 5	3 of 5	3 of 5	3 of 5	2 of 5	3 of 5	3 of 5	3 of 5	1 of 5	2 of 5	2 of 5	1 of 4	2 of 5	3 of 5	3 of 5	1 of 5

图 2-1 ××酒店与酒店竞争群 17 个月滚动经营数据

(数据来源:"壹蹴云全收入流整合分析系统")

★剖析：以上结论的得出，完全来源于对酒店市场渗透指数（MPI）、平均房价指数（ARI）与每间可供出租客房收入指数（RGI）三大指标的分析，而获得 MPI、ARI、RGI 三大市场指标的前提和基础是本酒店能够获得竞争群酒店的经营数据。如果竞争群内的酒店并非本酒店真正意义上的竞争对手，那么在此基础上获得的三大市场指标将会误导酒店的经营决策，这正是需要学习如何科学建立酒店竞争群的价值和意义所在。而科学合理地建立酒店竞争群，则可以帮助酒店更加全面而客观地评估酒店的经营表现。很多酒店也将该酒店在竞争群中的排名和表现，直接纳入总经理工作业绩的考核指标。由此可见竞争群的重要性。那么，到底什么是酒店的竞争群呢？

任务一　科学建立酒店竞争群的作用与意义

酒店业是中国改革开放的先行者。在改革开放的 40 多年里，酒店业蓬勃发展，吸引了大批投资人投资，国内酒店数量不断增加，大致经历了从"单体酒店—单一品牌酒店集团—多品牌酒店集团—高度专业化的多品牌或单一品牌酒店集团"的发展过程。在酒店集团化连锁发展趋势中，同时也伴随着市场竞争的不断升级。准确定位、分析与竞争对手的差距是酒店提升竞争力、保持竞争优势的关键，同时也是现代酒店或酒店集团专业化能力水平的重要体现，直接影响企业的经营绩效。

一、酒店竞争群的缘起与发展

酒店收益管理中，主要需要解决以下两个与竞争有关的问题。
（1）谁才是真正意义上的竞争对手？（如何科学地选择竞争对手？）
（2）如何了解竞争对手的经营情况？（如何获取竞争对手经营数据？）

（一）科学地选择竞争对手

首先，客房作为各大酒店的主要产品，在核心功能上并无本质差距，餐饮、会议、康体娱乐等功能已成为高端酒店的标准配置，酒店业产品同质化现象严重。在众多酒店中，如果仅仅根据对等级相似、产品相似、市场相似这几类大方向的主观判断选择竞争对手，很难保证竞争对手选择的准确性。在酒店收益管理实践中，需要建立筛选竞争对手影响因素的体系，并将这些因素进一步细化为量化指标，最终通过对数据进行科学、客观的分析从而精准定位竞争对手。

其次，酒店在复杂的竞争环境中，往往面对多个竞争对手，不应该将某家酒店作为唯一的竞争对手。另外，在酒店实际的经营管理中，还会因战略决策、诉求的不同选择不同的竞争对手。例如，某海岛是全球知名的旅游度假胜地，岛上的酒店为了在水上公园和高尔夫球场两个市场上获取竞争优势，会针对这两个市场的不同特性选择不同的竞争对手。因此，在酒店收益管理中，竞争对手应是"竞争群"的概念，并且根据酒店的

战略需要,一家酒店可能拥有多个竞争群。

最后,竞争环境在不断地变化与发展,酒店竞争群的建立也应是动态的而不是静态的。酒店应根据外在环境的变化,适时地对竞争群内的酒店进行更新迭代。例如,某家酒店已经开业10年,但10年间酒店的竞争对手却没有发生过变化,这家酒店竞争对手的选择就存在不合理性。酒店应对周边近期即将开业的新酒店予以持续关注和跟踪,并考虑是否需要把新酒店加入酒店现有竞争群内,或者是替换现有竞争群内的某家酒店。

(二) 获取竞争对手经营数据

酒店的经营数据遵循严格的保密原则,不会对外公开或让竞争对手知晓。早期酒店对分析竞争对手的重视度并不高,了解竞争对手经营数据的方法也非常原始和传统。例如,每天夜晚派员工在竞争酒店楼下数亮灯的房间数,以此来把握这家酒店当天的客房出租率。通过这类方法获取的经营数据,既不全面也不够准确,竞争对手经营数据获取难是酒店竞争群分析中最大的障碍。进入互联网时代后,不少研究机构、数据公司、咨询公司逐渐开始建立酒店业数据库,并尝试让更多的酒店将经营数据上传到数据库。这些公司采用提供竞争群平均经营数据的方法,既让本酒店能够获取 MPI、ARI 和 RGI 等方面的数据,又避免了每一家酒店具体经营数据的泄露。21世纪,不少 OTA 运营商也开始采用这种方法,提供线上运营的经营数据,进一步拓展了酒店获取竞争对手经营数据的渠道。

知识活页

> 史密斯旅游研究(Smith travel research,简称 STR)是目前全球酒店业中一家专门从事酒店研究咨询与提供酒店数据服务的公司。在20世纪80年代后期,STR 公司开始收集酒店的经营数据,并在酒店业创造出"竞争群"这一术语。在 STR 公司与美国饭店协会教育学院(AHLEI)共同推出 HIFIA(hotel industry foundations and an introduction to analytics)认证中有一个模块的内容就是专门介绍酒店竞争群的建立。
>
> STR 公司创造出了"竞争群"的概念,让同一竞争群的酒店都将自己的经营数据上传给 STR,而每个竞争群里的每家酒店都只能看到该竞争群中所有竞争对手的平均数,从而保护每家酒店的经营数据,避免这些数据被利用和泄露。STR 同时规定,本酒店在选择竞争对手时数量一般不得少于4家,这样即便有一家酒店由于某种原因没有提交某时期的数据,也不会影响竞争群的整体数据。因此,根据 STR 公司的统计,各档次酒店的竞争群酒店数量的平均值基本上都在5~6个。

二、建立酒店竞争群的作用与意义

酒店竞争群的建立,能够有效地帮助酒店提升经营效率,获取竞争优势,在现代酒店经营管理中发挥着重要作用。

（一）全面评估酒店经营业绩

仅根据自身内部的经营数据判断酒店经营业绩的效果并不全面。与外部竞争群经营业绩的横向比较能够帮助酒店更加全面和客观地评估自身的经营绩效。例如，A酒店今年的RevPAR相较于去年同比增长了5%，仅看此数据，通常会认为该酒店今年客房的经营情况优于去年，效果不错；但如果A酒店竞争群内酒店今年的总体经营表现是同比增长10%，通过纳入竞争群的经营数据再来分析和判断A酒店的表现，也许会有不同的答案。

（二）明确竞争位置提升竞争力

酒店通过与竞争群酒店经营数据的对比，能够获取本酒店在竞争群中的排名情况，确定本酒店所处的竞争位置。通过与竞争群酒店经营数据的对比，找到与领先酒店间的差距，明确自身酒店的经营方向。例如，根据MPI、ARI、RGI等指标结果，分析竞争对手经营决策的效果，从而有针对性地制定本酒店的竞争策略，规范经营管理行为，从而提升酒店的竞争力。另外，持续跟踪酒店在竞争群中的排名变化，还可辅助酒店科学地评估各项竞争策略的实施效果。

（三）掌握市场供需状况

建立酒店竞争群，有助于酒店把握市场整体供需状况，实施适当的竞争策略。酒店收益管理中一个重要的逻辑是根据市场供需状况制定和调整酒店的经营策略。竞争群内的酒店往往与本酒店处于相同的市场供需情况中，通过对竞争对手客房定价、销售政策等方面的持续观察，可帮助酒店及时掌握市场供需状况的变化，从而做出正确的经营决策。例如，某酒店发现在未来某个时间段内，竞争群内的酒店都做出了涨价的经营决策，但该酒店还是按照原价在售卖客房。对于这种客房价格异动的情况，该酒店应迅速反应并查明原因，核实在此时间段内是否有展会、会议、赛事等改变市场整体需求的特殊事件。

三、获取竞争对手经营管理情况的信息

研究竞争对手的情况，与它们进行比较，离不开有关竞争对手情况的数据。获取竞争对手经营管理情况的渠道通常有如下几种。

（一）直接同竞争对手交换信息

常见的获取信息的做法就是与竞争对手达成共识，互相走访，到对方酒店实地考察，分享双方的经营数据。但在实际工作中，绝大多数酒店不愿这样做，或者不提供真实数据，通过这种方式获得的数据在可靠性和准确性上往往都会大打折扣。这项工作有赖于第三方机构来帮助开展。

（二）以顾客身份了解竞争酒店的情况

可以顾客的身份向竞争对手询问其酒店的情况，如价格和服务项目等。例如，附近一家酒店开业，本酒店往往会指派前厅、客房、市场营销等部门的工作人员以顾客的身

份入住,考察这家新酒店的产品和经营情况,并判断该酒店是否为本酒店的竞争对手。

(三)购买酒店专业顾问公司的报告

随着酒店业的进一步发展,分工越来越细,一些酒店从业人员成立了酒店专业顾问公司,利用其专长向酒店提供某方面的咨询服务,如市场营销、融资财务、品牌管理、人事培训、投资建设、收益管理等。这些顾问公司通常也成为智库公司,其推向市场的主要产品就是它们的咨询报告。

(四)大众媒体关于竞争对手的报道

通过网络收集竞争对手的信息,了解竞争对手的客房价格、促销信息、设施设备更新改造的情况等。此外,行业期刊、当地的电视和广播以及相关网站等往往也有关于当地酒店业的报道,从中可以得到一些有用的信息。

(五)向行业管理部门或行业协会索取资料

行业管理部门和行业协会通常要求被管辖的酒店和会员酒店提供有关经营数据进行统计,供行业或会员分享,这也是很重要的信息来源。

(六)对主要顾客进行问卷调查

多次到同一地区来的顾客,很多到过本酒店以及竞争对手的酒店消费,如住宿、吃饭、开会等。通过问卷调查,可以了解他们对本酒店和竞争对手酒店的评价。

任务二 建立酒店竞争群的原则

选择竞争对手的目的是比较优劣,便于自己扬长避短、学习改进。俗话说"物以类聚,人以群分",能归于一类的人或物必有共同的属性,能相互比较的对象必须要有可比性。由于国内酒店市场的细分化程度越来越高,酒店的规模、服务、客源构成等差异越来越大,所以选择和确定竞争对手时要做细致深入的工作。

竞争群酒店业绩是本酒店业绩进行比较的参照,竞争群酒店和本酒店应存在竞争关系,酒店在选择竞争对手时要选择有共性的酒店。通常可以从酒店的等级、所处的地理位置、酒店的服务和产品以及目标市场等方面来考虑。

一、酒店等级相同

《旅游饭店星级的划分与评定》(GB/T 14308—2010)中对我国酒店等级的划分进行了明确规定。同一星级酒店拥有比较相似的服务设备和设施、服务项目、服务水准以及经营管理水平,也就是说酒店的硬件和软件比较相似,因此可比性较强。但在经营的实践中,却有可能会出现酒店星级高低并不完全等同于酒店等级高低的情况。

首先，星级高低并不能完全体现一家酒店的竞争水平，此种情况在中高端酒店中较为常见。例如，一家四星级酒店的平均房价与附近一家五星级酒店的平均房价处于同一水平，两家酒店面对的是同一市场的顾客，事实上存在竞争关系，因此星级不同的酒店也有可能互为竞争对手。

其次，《旅游饭店星级的划分与评定》中规定我国酒店最高等级为五星级，但实际上在五星级酒店群体内依然存在一定的等级跨度。例如，很难想象一家平均房价为2000元的五星级酒店与一家平均房价为600元的五星级酒店互为竞争对手。

最后，由于全球各个国家酒店等级划分标准不同，对于业务范围覆盖全球的国际大型酒店集团而言，很难以某一国家或地区的等级划分标准设定旗下酒店的等级。因此，大型酒店集团通常以客房价格作为划分酒店等级的标准，并将集团旗下的酒店品牌按照不同的价格区间进行划分，从而定义不同酒店品牌的等级。

 知识活页

STR公司认为，酒店产品的定价与酒店的等级相关。与我国酒店业中执行的《旅游饭店星级的划分与评定》标准不同的是，在STR公司的相关定义中，酒店被分成豪华（luxury）酒店、超高端（upper upscale）酒店、高端（upscale）酒店、中高端（upper midscale）酒店、中端（midscale）酒店、经济型（economy）酒店等几个级别。例如，我国通常将客房价格为1200元以上的酒店评定为豪华酒店。在全球酒店业中，酒店等级划分成为一种行业惯例，被万豪、洲际、雅高等国际性大型酒店集团广泛地使用。表2-1所示为国际酒店集团主要品牌等级划分参照表。

表2-1 国际酒店集团主要品牌等级划分参照表

品牌等级	品牌名称				
豪华酒店	温德姆 （WYNDHAM）	洲际 （INTER CONTINENTAL）	华尔道夫 （WALDORF）	丽思卡尔顿 （THE RITZ-CARLTON） JW万豪 （JW MARRIOTT）	索菲特 （SOFITEL）
高端酒店	华美达 （RAMADA）	英迪格 （INDIGO） 皇冠假日 （CROWN PLAZA）	康拉德 （CONRAD） 希尔顿 （HILTON）	万豪 （MARRIOTT）	铂尔曼 （PULLMAN） 美爵 （GRAND MERCURE）
中端酒店	豪生 （HOWARD JOHNSON） 戴斯 （DAYS INN）	假日 （HOLIDAY INN） 智选假日 （HOLIDAY INN EXPRESS）	逸林 （DOUBLE TREE）	万丽 （RENAISSANCE）	诺富特 （NOVOTEL）

二、地理位置相近

酒店所处的地理位置，决定了酒店的服务对象和客源构成。例如，处于城市中心区酒店的服务对象通常以商务散客为主；处于机场附近酒店的服务对象通常以过境滞留客人、空勤和地勤人员以及短期会议客为主；处于市郊旅游区酒店的服务对象通常以在周末和节假日来休闲度假的人为主。所以，处于市中心的酒店应该与市中心的酒店比较，处于机场的酒店应该与机场的酒店比较，处于休闲旅游区的酒店应该与同处于休闲旅游区的酒店比较，不同地理位置的酒店一般不具有可比性。但在探讨酒店地理位置时，除考虑微观层面的地理位置，还应适当关注宏观层面的地理位置。

首先，三大基础指标（OCC、ADR、RevPAR）和三大市场指标（MPI、ARI、RGI）不仅可以衡量特定酒店经营情况，同时也可以衡量城市、地区、国家等宏观层面的酒店经营情况，通过对宏观层面数据的对比分析，有助于准确把握全球酒店业的发展现状和趋势。从这个角度看，地理位置相近的概念不再局限于方圆多少千米，酒店竞争群的应用范围也不局限于特定的酒店，而可能是某个城市、地区、国家的酒店。例如，可以将我国中部、西部、东部沿海等几个区域的酒店经营数据纳入一个竞争群内进行对比分析。

知识活页

STR公司结合联合国世界旅游组织（UNWTO）的定义，根据酒店业的实际情况，将全球酒店业划分为4个大陆：美洲、亚太地区、欧洲、中东与非洲，每个大陆酒店业中包括3~4个次大陆酒店业，每个次大陆酒店业中包含了多个国家酒店业（表2-2）。例如：在亚太地区酒店业中，就包含了澳大利亚与大洋洲、中南亚、东北亚、东南亚4个次大陆的酒店业，而中国酒店业与日本、韩国、朝鲜、蒙古等国家的酒店业一起同属于东北亚次大陆的酒店业。

表2-2 全球各大陆和次大陆酒店业酒店及客房数量统计（截至2017年）

大陆	次大陆	酒店数量/家	客房数量/间
美洲	加勒比海	1 948	251 302
	中美洲	1 036	63 677
	北美洲	64 735	5 962 064
	南美洲	5 614	483 665
亚太地区	澳大利亚、大洋洲	6 010	345 099
	中南亚	4 111	289 715
	东北亚	18 339	3 060 928
	东南亚	7 343	903 669

续表

大陆	次大陆	酒店数量/家	客房数量/间
欧洲	东欧	6 415	533 937
	北欧	19 349	1 020 506
	南欧	17 508	1 629 343
	西欧	25 009	1 502 040
中东与非洲	中东	2 101	346 451
	北非	1 480	305 274
	南非	2 906	216 862
全世界总计		183 904	16 914 532

（资料来源：STR Analytics）

分析提示

 同步案例

STR 公司根据酒店业的发达程度（酒店数据和酒店密度）和酒店业的参与度（酒店与 STR 公司合作，向 STR 公司提交有关的经营数据）两个方面进行区域市场的划分，将区域市场进一步划分为市场和次级市场（表2-3）。酒店的总经理非常重视这两个方面，他们所关注的主要经营数据也来自这两个方面。

表 2-3 市场与次级市场示意（部分）

市场	次级市场	次级市场酒店数量/家	次级市场客房数量/间	提交数据酒店数量/家	提交数据酒店客房数量/间
北京	北京首都机场	61	10475	16	3218
	北京中央商务区	173	29423	54	10927
	北京中心金融街	133	19445	38	7421
	北京王府井	142	24524	50	11959
	北京奥林匹克公园	111	18801	28	5891
	北京南部	259	32930	92	10278
	北京东南开发区	34	5896	17	3423
	北京周边地区	222	30763	80	8945
	北京海淀区	123	22624	37	6371
	北京西郊区	78	11647	24	3968
	北京燕山/国展/酒仙桥	142	28317	57	15466

续表

市场	次级市场	次级市场酒店数量/家	次级市场客房数量/间	提交数据酒店数量/家	提交数据酒店客房数量/间
中南部区域	长沙	182	32954	34	7933
	广西区域	204	36631	39	7220
	湖北区域	110	16720	44	6183
	湖南区域(除长沙)	89	17610	18	4049

(资料来源:STR Analytics)

三、服务和产品相似

不同类型的酒店所提供的服务项目不同,与之配套的场地、设施设备、房间数量也不同,即使两者的星级档次相同,也不好比较。一般来说,竞争对手酒店的产品和功能应该与本酒店的情况较为接近。例如,商务酒店应同商务酒店比较,度假型酒店应同度假型酒店比较。在产品原则中,常常需要考虑以下几个方面。

第一个方面是房间数量,竞争对手的房间体量应与本酒店的房间体量相当。将一家只有几间客房的民宿与一家拥有几百间客房的酒店放在一个竞争群里是不合适的。客房的规模和数量从某种程度上来讲反映了酒店经营的业务类型,在管理实践中,民宿与大型酒店在规模和经营模式上是存在很大差别的。

第二个方面是客房类型,竞争对手酒店的客房类型与本酒店是否相似?是否拥有套房?是否属于长住型或者公寓型客房?这些因素都会列入选择竞争对手的考量范畴。

第三个方面是酒店的相关设施和功能,包括酒店会议室数量和会议厅面积,以及是否拥有特色餐厅、游泳池、水疗中心、水上乐园甚至是高尔夫球场等设施。这些设施项目很有可能会成为本酒店发挥自己竞争优势和突出自身特色的基础。例如,有海景房和没有海景房的酒店不能成为竞争对手。

第四个方面是酒店的服务项目和质量,竞争对手酒店的服务项目与本酒店是否相似?是否有便捷的预订流程?是否有完整的会员体系?是否有贴身管家、行政酒廊等高端商务服务项目?不应选择与本酒店服务项目和质量差异过大的酒店作为竞争对手,差异过大证明两者在竞争实力上有明显差距,只有实力相当的竞争对手才能帮助本酒店客观评估经营能力,从而不断提升竞争力。

四、目标市场相似

所谓目标市场,就是指企业在市场细分之后的若干子市场中,运用企业营销活动之"矢"瞄准市场方向之"的"的优选过程。选择目标市场,明确酒店应为哪一类顾客服务,满足他们的哪些需求,是酒店在营销活动中的一项重要策略。不是所有的子市场对本酒店都有吸引力,任何酒店都没有足够的人力资源和资金满足整个市场或追求过分大

的目标,只有扬长避短,找到有利于发挥本酒店现有的人、财、物优势的目标市场,才不至于在庞大的市场上瞎撞乱碰。

酒店的商务散客、商务团体客、休闲度假团体客以及休闲度假散客的比例相似,这才有可比性。相反,如果客源构成差异太大,就没有可比性。例如,两家酒店都是五星级,都处于同一地区,但是一家酒店是拥有 700 间客房的会议型酒店,其客源 65% 是团体客;另外一家是仅有 300 间客房的商务型酒店,团体客仅占 30%。可见这两家酒店所瞄准的目标市场差异很大,不应放在一起比较。

微课

建立酒店
竞争群的
意义

任务三 如何建立酒店竞争群

按照酒店等级相似、地理位置相似、服务和产品相似以及目标市场相似 4 个方面选择出的竞争酒店是否就直接组成了本酒店的竞争群呢?答案是不一定。按照以上原则建立起的竞争群仅是一个意向竞争群,本酒店在建立最终竞争群时还需考虑以下两个方面。

一、样本代表性

样本代表性在统计学中又称样本的外在效度,通常指抽样调查中所选择样本的有效性,即样本能够代表总体的程度,是影响抽样调查结果准确与否的一个重要因素。与统计学中样本代表性概念不同的是,酒店意向竞争群的建立并非随机采样,而是按照既定原则筛选的过程,但这个筛选结果同样会面对是否能够代表总体程度的问题,即与竞争群内的酒店进行比较能否客观反映本酒店竞争位置的问题。在酒店经营管理的实践中,为保证酒店竞争群建立的科学性,在意向竞争群建立后还需要考虑以下几个方面。

(一)竞争群内的酒店数量

竞争群内竞争对手酒店的数量不宜过多,也不宜过少。数量过多将会让整个竞争群的数据趋于均衡而失去竞争群的特征,降低竞争群的参照意义;数量过少则不利于对竞争对手酒店经营数据的保护。例如,某酒店的竞争群内共有 2 家竞争对手酒店,如果其中某个竞争对手酒店由于各种原因没有及时上传经营数据,另外一家竞争对手酒店的经营数据就会等于整个竞争群的数据,从而导致其经营数据的泄露。因此,在酒店收益管理的实践中,通常竞争群内的酒店数量为 4~5 家。

 同步思考

一个竞争群应包含多少竞争酒店?
酒店在建立竞争群时,最好选择同自己酒店相似的 4~5 家酒店作为竞争对

手。酒店越相似，意味着可以互相替代的可能性越大，彼此间的竞争程度越激烈。可互相替代是因为酒店的地理位置、软件和硬件设施很相似，都能满足顾客的需求，即顾客可选择本酒店，也可以选择竞争对手酒店。竞争对手的数量应适当：少了不能全面反映情况，多了则太泛，反而不便于把握整体情况。

在选定了 4～5 家酒店作为本酒店的竞争对手时，还应该对这些酒店进行细分，将其与本酒店的互相替代程度和对酒店市场的影响程度进行比较，然后进行排列，列出本酒店的第一位竞争者、第二位竞争者、第三位竞争者等，并算出其对本酒店影响的百分比。这些百分比在酒店定价时能用上。

（二）经营数据的权重

在酒店收益管理中，与竞争群进行对比分析的核心指标是 MPI、ARI 与 RGI。这 3 项数据来源于竞争群内各酒店的客房经营情况，但各酒店的客房数量和类型并不完全一致，意味着竞争群内各酒店对 3 项指标数据结果的权重影响并不相同。例如，竞争群内共有 A、B、C 三家酒店，A 酒店 200 间客房，B 酒店 300 间客房，C 酒店 500 间客房，要获得 MPI 数据就必须得到竞争群平均的客房出租率（OCC），但在计算竞争群整体的客房出租率时，C 酒店的客房数占到整个竞争群的 50%，因此 C 酒店的客房出租率对整个竞争群平均出租率的权重影响是 50%，而 A 和 B 两家酒店加在一起（500 间客房）才能占竞争群平均出租率权重的 50%。说明，在建立酒店竞争群的过程中，需要着重考虑各个酒店的客房数量，避免某一酒店的客房数量占竞争群客房总数比重过大的情况出现。

（三）避免内部竞争

在实际运营中，酒店的投资人（业主方）、酒店管理集团、品牌管理公司等出于避免内部竞争的考虑，会要求本酒店建立的酒店竞争群内不能有与本酒店同一投资人、同一品牌或同一集团的酒店。如果投资方或管理方有此方面的规定，那么应在意向竞争群中剔除对应的酒店，从而最终确定竞争群。

同步案例

50/50/70 规则

在 STR 公司对竞争群的定义中有一项规则需要遵守，那就是 50/50/70 规则。其具体含义如下：在建立的酒店竞争群中，单个酒店或者单个酒店品牌的客房数量不能超过竞争群总客房数的 50%，单个酒店集团的客房数量不能超过竞争群总客房数的 70%。这一规则的目的是确保某一家酒店、某一酒店品牌或酒店集团的经营数据在竞争群中不被孤立，从而降低酒店及酒店集团的经营数据被泄露的风险。

表 2-4 中的目标酒店是假日酒店,按照建立酒店竞争群的 4 大原则初次筛选出来的竞争对手是包含希尔顿欢朋等在内的 6 家酒店,把目标酒店算在内,目前的竞争群中共有 1250 间客房。接下来按照 50/50/70 原则来进行核算:第一步要减去目标酒店的客房数;第二步减去和目标酒店相同品牌酒店的客房数,可以看到在竞争群中有一家酒店也是假日酒店这个品牌;第三步减去和目标酒店同一集团的酒店的客房数,可以看到这里有一家智选假日酒店,它与假日酒店同属于洲际酒店集团,因此需要减去;第四步是在前三步的基础上计算每个竞争酒店的客房数占扣除后酒店的总客房数的百分比。通过以上步骤,竞争群内的酒店由 6 家减少为 4 家,总客房数量由 1250 间减少为 750 间,在分别计算每家酒店的客房数占比后发现,并没有任何一家酒店的客房数占比超过 50%,同样,由于这 4 家酒店都属于不同品牌,因此同一品牌的客房数占比也没有超过 50%,而在这 4 家酒店中,希尔顿欢朋以及希尔顿惠庭都属于希尔顿酒店集团,因此希尔顿酒店集团的客房数占比在这 4 家中最大,达到了 52%,但总体来讲这个竞争群里酒店的客房数是符合 50/50/70 规则的要求的,因此,这 6 家酒店与目标酒店一起形成了最终的竞争群。如果在竞争群中有出现不符合 50/50/70 规则的情况,竞争群里的酒店就需要进行重新调整和选取。

表 2-4　目标酒店及竞争群酒店客房数量

酒店名称	酒店属性	所属集团	客房数量/间
假日酒店	目标酒店	洲际酒店集团	180
希尔顿欢朋酒店	竞争酒店	希尔顿酒店集团	220
拉昆塔酒店	竞争酒店	温德姆酒店集团	160
智选假日酒店	竞争酒店	洲际酒店集团	155
康福特茵酒店	竞争酒店	精品国际酒店集团	200
假日酒店	竞争酒店	洲际酒店集团	165
希尔顿惠庭酒店	竞争酒店	希尔顿酒店集团	170
客房总数 1250 间			

二、线上数据对建立酒店竞争群的影响

以上建立竞争群的方法,主要是围绕传统的线下的竞争概念来探讨的,但时代在不断前进,行业在不断发展,一切事物都处在变化与发展之中,建立竞争群的方法也应该与时俱进。

在考虑谁是竞争对手这个问题时,不能忽略在"互联网+"时代背景下,线上数据的影响因素。以下信息来源于众荟信息公布的《2019 年酒店大住宿白皮书》,表 2-5 显示的是酒店需求排名前 20 的城市的顾客预订前浏览次数,可以看到,2019 年全国平均的浏览次数是 25.8 次,说明一位顾客在预订酒店客房之前,平均会要在一个预订平台上打开 25.8 次网页后才做出一个订购决策,这充分反映了酒店业线上竞争的激烈程度。

表 2-5　酒店需求排名前 20 的城市的顾客预订前浏览次数

地区	2019年预定前浏览次数	2018年预定前浏览次数	2019年变动情况
全国	25.8	27.5	−6.2% ↓
上海	27.3	26.7	2.2% ↑
北京	34.4	33.1	4.0% ↑
广州	25.6	26.2	−2.3% ↓
成都	24.7	25.9	−4.7% ↓
深圳	19.9	20.6	−2.5% ↓
杭州	27.3	28.6	−4.4% ↓
重庆	26.2	28.2	−7.2% ↓
西安	28.6	29.8	−3.9% ↓
南京	28.4	27.3	4.1% ↑
武汉	20.3	20.7	−1.5% ↓
厦门	44.4	49.3	−9.9% ↓
长沙	25.0	23.1	8.0% ↑
三亚	91.3	90.2	1.3% ↑
青岛	35.4	39.5	−10.3% ↓
天津	24.6	24.8	−0.6% ↓
苏州	30.7	30.0	2.3% ↑
昆明	19.4	19.0	2.1% ↑
郑州	14.5	15.8	−8.6% ↓
济南	19.1	19.7	−2.6% ↓
南宁	15.4	15.6	−1.5% ↓

（资料来源：众荟信息《2019 年酒店大住宿白皮书》）

如何在各大 OTA 平台上脱颖而出，以获得更多的流量和转化率，成为所有酒店面临的重要问题。而在酒店力图积极"玩转"OTA 平台的同时，各 OTA 平台也在不断完善自己的游戏规则，携程网在 2020 年推出了"PSI 服务质量分"以替代之前既分散又复杂的评分体系，美团也有着自己的"HOS 指数"评分体系。获得高评分、高排名、高曝光度、高转化率成为酒店线上竞争力的外在表现。因此，在选择竞争对手时，各酒店还应密切关注用户流动、同商圈排名、网络点评分数、"附近"的酒店及用户浏览次数等酒店 OTA 平台后台数据。例如在美团酒店商家的后台管理系统中有一个"发现同行"的板块，其中有一项"流失去向"数据，这项数据会显示哪些用户在浏览了目标酒店后却没有选择购买该酒店产品，而是去订购了其他酒店的产品，并且会显示这些酒店名称。同样后台管理系统还会有"流入订单"数据，可以显示哪些酒店的顾客流入到目标酒店。这些经常出现在流失和流入数据统计页面中的酒店，是不是目标酒店的竞争对手？回答应该是肯定的，所以应该把这些酒店列入竞争对手的选择范围内。图 2-2 所示为酒店后台管理系统"流失去向"与"流入订单"。

图 2-2　酒店后台管理系统"流失去向"与"流入订单"

因此，在建立酒店竞争群的实践中，应该要重视酒店线上的竞争情况，可以通过图 2-3 来整体性地观测目标酒店的线上数据，并分析目标酒店所处的竞争位置。

同步案例

图 2-3 中目标酒店处在五角星位置，图的纵坐标表示与目标酒店房间价格的差距，横坐标表示与目标酒店线上价值的差距，线上价值的估值采用酒店在各个线上平台的网络综合评分方法，把与目标酒店在线上有一定竞争关系的酒店标注在竞争图中，从而更加科学客观地选择竞争对手。请问图中哪些酒店是目标酒店（五角星）的竞争对手呢？

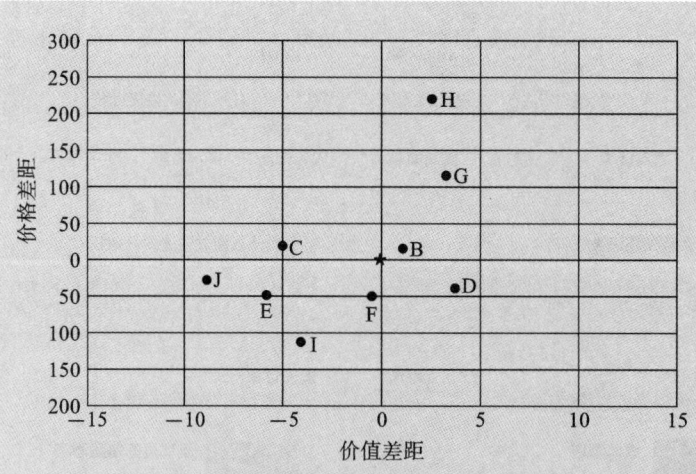

图 2-3　酒店线上价格与价值竞争图

课程思政

锦江国际集团：跻身"全球第二"的中国面孔

"锦江"品牌的历史，最早可以追溯至 20 世纪 30 年代的锦江川菜馆和锦江茶室。中华人民共和国成立后，上海市政府决定设立一个宾馆作为接待场所。1951年6月9日，锦江酒店正式挂牌成立。如今的"锦江"已成为中国知名酒店品牌，已发展成为上海市国资委全资控股的中国规模最大的综合性酒店集团。

（一）品牌重组走国际化发展之路

2003 年，在上海国资国企改革中，锦江国际集团完成了战略重组。重组后，锦江国际集团旗下拥有了 105 家酒店，在国内具有了一定的规模。但该集团果断提出了国际化发展战略，走全球布局、跨国经营之路，由此拉开了锦江国际化战役的帷幕。

最先走出去的，是锦江国际集团自有品牌"锦江之星"。2011 年，锦江之星与菲律宾的上好佳（国际）正式签约，以品牌输出的方式跨出国门，通过品牌授权经营，"锦江之星"品牌正式落户菲律宾，成为中国经济型酒店品牌正式走向海外的第一例。此后，锦江国际集团在韩国、法国、印尼等国家和地区不断输出品牌。2014年，锦江之星韩国首尔明洞酒店正式对外营业，成为锦江海外首家单店特许经营酒店，也成为锦江国际集团"走出去"战略的最早试水。

实现国际化发展，首先要有国际化视野的管理人才。从那时起，锦江国际集团开始有计划有步骤地实施人才国际化战略，推进"三个一批"，即用好一批、培养一批、招聘一批，抓好"三个一百"境外培训计划。2012 年，该集团启动了第一个"百人计划",这个百人赴美培训计划的战略重点是为集团培育具有国际化视野的中高层管理人才。2013年9月,百名学员赴美学成归来。经考核,80%得到提拔使用,其中17%被安排到重要岗位,成为集团发展的中坚力量。

（二）全球化打法确立世界领导品牌地位

纵观全球十大酒店集团发展历程,没有一家仅靠自然成长而壮大。企业到了一定规模,借助资本力量、运用融资并购等方式发展,是顶级酒店集团必须具备的素质。这是锦江国际集团高层的共识。

这些年,锦江国际集团并购了欧洲第二大酒店集团法国卢浮酒店集团,接着又连续战略投资铂涛酒店集团、维也纳酒店集团,使集团酒店数量迅速增至6800多家,客房数量近70万间,分布在全球60多个国家和地区。锦江用的是酒店业国际巨头的"全球化打法"——看准世界、资本推动、收购兼并、整合资源。

2018年11月,锦江国际集团在加快自身发展的同时,一举收购丽笙酒店集团,全球布局拓展到120多个国家,锦江国际集团形成了全球1万家酒店的规模,成为中华民族品牌的新起点,也是该集团16年国际化战略的最佳诠释。

（三）持续创新,向世界第一品牌进军

回顾十几年来的国际化发展实践,锦江国际集团总结出"五个始终坚持"的经验:一是始终坚持党的领导,围绕国家战略、上海战略、国资战略,实施打响民族品牌的锦江战略,一张蓝图干到底;二是始终坚持战略投资与财务投资并举,研判国际、国内发展大势,选择合适时机、合适价格、合适目标,"十年研究""三年突破",按照专业化、市场化、国际化要求,在全球市场实现国资保值和增值;三是始终坚持国资监管与国际惯例结合,有效控制全球运营风险,推进中外交流、文化融合,实施国家"走出去"战略;四是始终坚持改革力度、发展速度取决于稳定程度,确保圆满完成中央和上海市委、市政府交办的各项重大任务;五是始终坚持人才全球化,探索在合适的时候合资建设高端人才基地,为全球发展培养世界一流人才。

2019年10月22日,锦江国际集团提前实现"十三五"规划中的"1万家酒店、100万间客房"目标,正式成为排名"全球第二"的酒店集团。2021年,美国《HOTELS》杂志公布了2020年度"全球酒店集团225强"的最新排名,中国地区共有13家酒店集团跻身全球前50。

（资料来源：中国旅游报2020年12月10日第5版）

请同学们根据以上资料,讨论中国酒店想要参与全球合作与竞争,应具备哪些核心竞争力。

> 1. 介绍酒店竞争力,选定酒店竞争群的 4P 原则。
> 2. 理解建立竞争群的基本原理和方法。评价酒店的比较竞争力。
> 3. 能够运用 50/50/70 规则建立酒店竞争群。

一、知识训练

1. 酒店竞争群的作用有哪些?
2. 酒店如何选择竞争对手?
3. 如何理解酒店竞争群的 4P 原则?
4. 什么是 50/50/70 规则?
5. OTA 平台上的数据为什么越来越重要?

二、能力训练

首先,请同学们组成任务小组,在 OTA 平台上确定一家目标酒店,了解目标酒店位置、房间数量、价格、网络评分等相关信息;其次各小组根据收集到的信息,在 OTA 平台上寻找目标酒店的竞争对手,并建立目标酒店在 OTA 平台上的竞争群;最后,请各小组建立目标酒店的竞争群,并针对目标酒店竞争群建立的过程撰写一份分析报告。

项目三
酒店市场细分

 项目描述

不同消费者有不同特点,因此,酒店市场是可以细分的。通过学习酒店市场细分,可以让学生了解酒店的若干细分市场,以及酒店将采取的不同市场营销策略,从而实现酒店收益最大化。

 项目目标

知识目标
1. 了解市场细分的概念及原则。
2. 了解酒店市场细分的意义。
3. 掌握酒店市场细分的方法。

能力目标
1. 能够进行酒店市场细分。
2. 能够运用SWOT分析法对酒店市场细分进行评估。

思政目标
1. 引导学生深入行业,培养学生以行业标准为准绳的分析能力。
2. 培养学生与时俱进、以新技术为工具的创新思维和能力。

知识导图

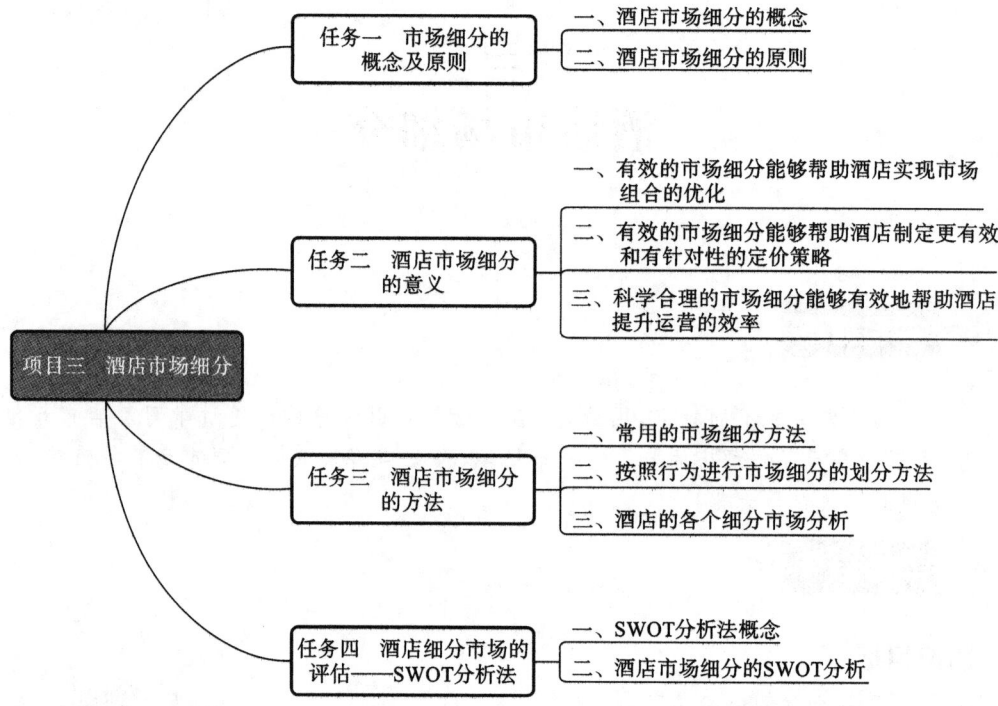

 学习重点

1. 酒店市场细分的原则。
2. 酒店市场细分的方法。
3. 酒店市场细分的评估。

 项目导入

卡罗尔太太在乡下小镇上经营着一家小小的理发店,由于手艺精湛,很受当地人欢迎。但是,这家理发店没有其他理发师,周末的时候人们常常要排几个小时的队才能等到服务,因此许多人并不愿意光顾她的理发店。卡罗尔太太也曾考虑过额外聘请一位理发师以扩大经营规模,但理发店目前的经营情况是只有周末的顾客较多,而平时工作日的顾客并不多,卡罗尔太太完全可以一个人应付,她很担心理发店的利润低于聘请理发师的人工成本,一时间相当为难。卡罗尔太太该如何经营她的理发店?也许将市场进行细分可以帮到她。

卡罗尔太太的理发店里有位名叫罗伯特的顾客,听说了卡罗尔太太的困惑后,他决定帮助卡罗尔太太,他们一起对理发店顾客的消费行为特征进行分析,有以下几点发现。

(1) 周末理发店的顾客较多,也比较杂,有老人、学生、职场白领、私营业主等,但工作日顾客少,特别是周二的顾客最少。

(2) 私营业主对价格并不敏感,即使涨价,依靠卡罗尔太太的精湛手艺依然会光顾,在时间方面他们也没什么规律,工作日、周末都可能来。

(3) 老人、学生这些顾客对价格比较敏感,不太能够接受涨价。

(4) 职场白领和家庭妇女大多周末过来,他们的特点如下:职场白领不喜欢排队,见到顾客多就不愿意等;家庭妇女不排斥排队,她们喜欢扎堆儿聊天,而且理发过程一般都很长。

在梳理完这些后,卡罗尔太太在罗伯特先生的建议下对价格进行了以下调整(图3-1)。

(1) 周末涨价10%。

(2) 周二半价(期待通过降价促销吸引更多的人在这一时段来理发)。

(3) 周三女性顾客享受八折优惠。

(4) 其他时段价格暂时不变。

价格调整之后,理发店的情况发生了很大的变化:老人、学生基本都在周二来理发,周末几乎不再来了;家庭妇女在周末来理发的明显减少,开始集中在周二和周三。周末的客人明显减少,不再出现排队等待的情况,职场白领、私营业主开始增多。卡罗尔太太欣喜地发现,理发店收入明显得到了增加,而且自己周末也没有以前那么辛苦了,再聘请一个人的必要性也不是很大了。

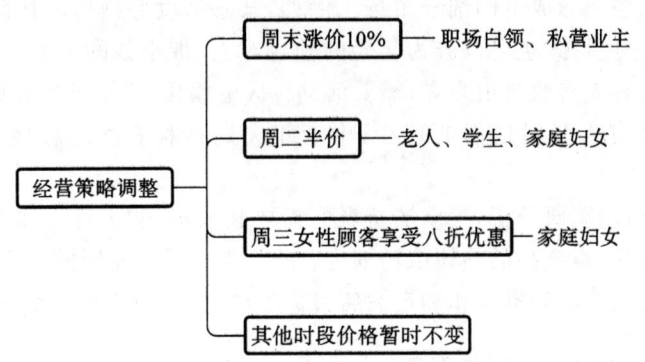

图3-1 经营策略调整

★剖析:卡罗尔太太理发店的案例,是我们收益管理中一个比较经典的案例,在多本收益管理的书籍中均有谈到。在卡罗尔太太理发店成功经营的案例中,其中一个关键点就是运用了市场细分的概念,将理发店的顾客进行了市场细分,并针对各个细分市场顾客的消费行为特征制定了不同的产品价格策略。在酒店业中也可以采取同样的方法,根据消费者的需求和欲望、购买行为和购买习惯等方面的差异,把酒店同一类产品市场整体划分为若干个消费需求相同的亚市场,从而使酒店有效地分配和使用有限的资源和确定酒店目标市场的行为称为酒店市场细分。为什么全球大多数著名的大型酒店集团旗下往往会有多个不同的酒店品牌呢?正是因为对于一家酒店集团来讲,需要利用多品牌战略进行市场布局,以保证集团的酒店产品能够符合各个细分市场顾客的需求。

任务一　市场细分的概念及原则

同步案例

目前，万豪国际集团旗下的酒店品牌数多达30个。以W酒店为例，如果现在要用一个词语来评价这个酒店品牌的特点或者是对这个酒店品牌的感受的话，同学们会用什么词语？

一、酒店市场细分的概念

酒店市场由许多不同的使用者和购买者所组成，而且不同购买者总是有或多或少的差别，他们会有不同的购买需求、不同的购买和消费行为等。比如酒店经营中会面对散客、团队等市场，而散客又可能会有协议散客、休闲散客等，团队也有旅游团队或会议团队等，不同市场，需求不同。即使是散客市场中的休闲散客，也会因为购买者有各自不同的需要和欲望而形成不同细分市场。例如，某一家度假酒店的休闲散客的大细分市场，按不同的家庭形式也可以分为年轻的独身客人、带小孩的夫妇、中老年夫妇等类别。年轻的独身客人喜欢自由自在，需要活动性大的娱乐；带小孩的夫妇希望酒店有儿童娱乐设施以及有人照料他们的孩子；中老年夫妇喜欢安静的环境，喜欢参观名胜古迹。

因此，通过市场调研分析，根据消费者的需要和欲望、购买行为和购买习惯等方面的差异，把酒店同一类产品的整体市场划为若干个消费需求相同的亚市场，从而使酒店有效地分配和使用有限的资源和确定酒店目标市场的行为称为酒店市场细分。

二、酒店市场细分的原则

作为一家酒店，面对不同的消费群体，如何进行有效的市场划分？而划分后的市场，是否能够满足酒店的经营需求？要回答这些问题，需要考虑以下几个酒店市场细分原则。

（一）可衡量性

可衡量性指的是这个细分市场的规模和购买力能够被方便地测量。例如儿童就不太适合作为一个细分市场，酒店很难去测量儿童的入住人数，以及儿童的消费金额，因为从某种意义上来讲，儿童并没有独立的购买权，所以酒店往往会用亲子市场来进行定义，从而便于酒店对市场规模和购买力进行测量。

(二)可进入性

即便这个细分市场可衡量,但酒店仍需要去评估酒店的产品和服务在进入这个市场时有多大难度。如果酒店现有的产品和服务无法与细分市场的需求相匹配,选择盲目进入,就很有可能达不到预期的效果,导致人力、物力以及资金的浪费。

(三)稳定性

如果一个细分市场是可衡量的也是可进入的,那么接下来的问题就是这个市场是否值得进入?这个市场的规模是否够大?是否能够在保持稳定的同时持续为酒店带来盈利。

 **同步思考**

> 2022年北京冬奥会有91个国家和地区参加,运动员人数达到2892人,根据酒店市场细分的原则,请思考:奥运会是否适合作为一个酒店细分市场呢?

(四)反应力

反应力指的是酒店的营销计划能够在多大程度上吸引目标细分市场的反应。酒店的产品如果不能够与目标细分市场的需求相匹配,顾客对酒店的营销活动没有做出任何反应,那么这个细分市场可能依然不适合目标酒店。

总的来说,确定一个可行的细分市场的关键标准是:这是一个可以衡量和触及的群体,它足够大,有购买力,而且它能对目标酒店的营销努力做出反应。当这些标准得到满足时,这就是目标酒店值得追求的细分市场。

酒店市场细分的原则如图3-2所示。

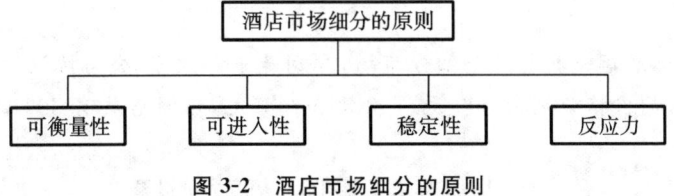

图3-2 酒店市场细分的原则

 **同步思考**

> 请大家运用酒店市场细分的概念和原则,对项目导入中卡罗尔太太的理发店进行市场细分练习。

任务二　酒店市场细分的意义

在项目导入卡罗尔太太理发店的案例中，卡罗尔太太正是在罗伯特的帮助下通过对理发店的顾客进行了市场细分，并且针对不同的细分市场制定了不同价格策略，最终让理发店的收益得到了提升。那么，对于酒店的收益管理来讲，市场细分又有哪些意义呢？我们从以下三个方面进行探讨。

一、有效的市场细分能够帮助酒店实现市场组合的优化

卡罗尔太太在没有进行市场细分前，只知道理发店周末生意特别好，各种类型的顾客都会光顾，导致大家常常需要长时间等候，而在工作日，特别是周二的顾客却很少。但在对市场进行细分后，卡罗尔太太通过一定的价格策略使对价格不敏感但时间有限的私营业主、职场白领这类顾客集中在了周末，从而使得理发店在周末通过"提价"获得了收入的增长，实现了市场组合的优化。

酒店在实际经营中同样也面对不同类型的顾客，拥有旅游散客、商务协议散客、政府协议散客、长住客、旅游团队、会议团队、政府团队等多个细分市场。不同细分市场的顾客拥有不同的消费行为习惯，酒店通常会对各细分市场执行差别定价策略。因此，当同样一间客房售卖给不同细分市场的顾客时酒店获得的收入也不同。

在酒店收益管理实践中，科学有效的市场细分能够帮助酒店掌握各细分市场的特性，评估各细分市场对酒店收入的贡献度，有针对性地制定满足高价值细分市场顾客需求的营销策略，从而实现市场组合的不断优化。

同步案例

假设目标酒店一共有 3 个细分市场，分别是旅游散客、公司协议散客和旅游团队，对应的房间价格分别为 800 元、700 元和 600 元，该酒店共有 300 间客房（表 3-1）。

表 3-1　目标酒店各细分市场客房价格表

酒店细分市场	客房价格/元
旅游散客	800
公司协议散客	700
旅游团队	600

情况 A：某日 3 个细分市场各卖出 100 间客房，最后酒店的总收入是 21 万元（表 3-2）。

表 3-2　情况 A 酒店总收益表

酒店细分市场	房数/间	平均房价	收益/元	组合
旅游散客	100	800	80000	33.3%
公司协议散客	100	700	70000	33.3%
旅游团队	100	600	60000	33.3%
总计	300	700	210000	99.9%

情况 B：酒店对市场组合进行了调整，旅游散客卖出 150 间客房，公司协议散客卖出 100 间客房，旅游团队卖出 50 间客房，同样是卖出 300 间客房，但情况 B 的当日客房总收入是 22 万元，高于情况 A，这就是我们所说的市场组合的优化（表 3-3）。

表 3-3　情况 B 酒店总收益表

酒店细分市场	房数/间	平均房价	收益/元	组合
旅游散客	150	800	120000	50%
公司协议散客	100	700	70000	33.3%
旅游团队	50	600	30000	16.7%
总计	300	733	220000	100%

二、有效的市场细分能够帮助酒店制定更有效和有针对性的定价策略

卡罗尔太太针对价格敏感但时间宽裕的老人、学生等顾客，推出了星期二半价活动，同时针对家庭妇女不排斥排队、喜欢扎堆儿聊天而且理发过程时间很长的特点，推出了星期三女性顾客享受八折的优惠活动，精准地对不同细分市场的顾客采取了针对性的定价策略。而在酒店的收益管理过程中，我们会对各个细分市场的定价表现进行统计分析。

平均房价（ADR）只能反映酒店客房产品整体的营收能力。但实际上，同一间客房产品，不同细分市场的顾客在评估客房产品的价值上存在显著差异，这也是通常酒店会对不同细分市场执行不同价格的原因。因此在酒店收益管理中还应收集各细分市场的平均房价数据，掌握各细分市场的实际价格执行情况。通过对各细分市场价格的静态观察，帮助酒店识别高价值细分市场。通过对各细分市场价格周度、月度、年度等跨越时间周期的持续观察，可帮助酒店掌握各细分市场在不同时间段或不同市场需求水平下的合理价格区间，从而提高酒店定价策略的准确性。

 同步案例

图 3-2 显示的是某酒店过去一个月各个细分市场客房价格的历史统计数据。

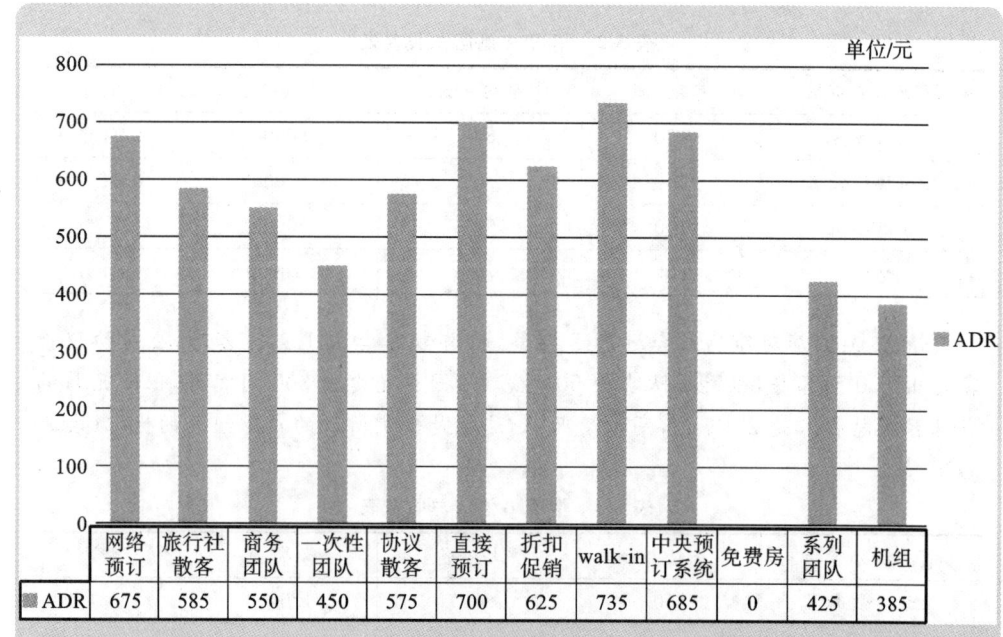

图 3-2　某酒店各细分市场 ADR 表现

通过这项数据,我们能够很清晰地知道这家酒店各个细分市场客房价格的高低,酒店既可以根据此项历史数据有针对性地对各细分市场实施不同的定价策略,又可以结合各个细分市场的产量表现,提供优化市场组合的思路。这就是市场细分的第二个作用。

三、科学合理的市场细分能够有效地帮助酒店提升运营的效率

首先,细分市场数量众多,将酒店产品售卖给所有细分市场并期望从中获得收益是不切实际的。科学合理的市场细分,收集各细分市场的经营数据,并根据前文中的 4 项原则分析酒店现有细分市场结构,能够帮助酒店了解哪些细分市场值得进入?哪些细分市场应该回避?哪些细分市场应该在什么条件下进入?

其次,酒店资源是有限的,应有针对性地将酒店人力、财力、物力资源投入在最有价值和营收能力的细分市场。在合理划分细分市场的基础上,采用科学的方法对各个细分市场经营情况进行评估,能够帮助酒店评判各细分市场的投资价值,提升酒店的运营效率。

最后,科学的市场细分,有助于酒店对经营现状展开科学的评估,找到自身的优劣势,发现提高酒店经营业绩的主攻方向。例如,将各细分市场执行的客房价格与售出的客房数量两项数据进行结合,可以判断酒店在各细分市场中经营表现,并找到酒店各细分市场经营中存在的问题。下面通过以下案例,展开具体的讨论和学习。

 **同步案例**

图 3-3 所示的是上一案例解析中这家酒店在过去一年客房产量贡献最高的前 3 个细分市场的统计数据。

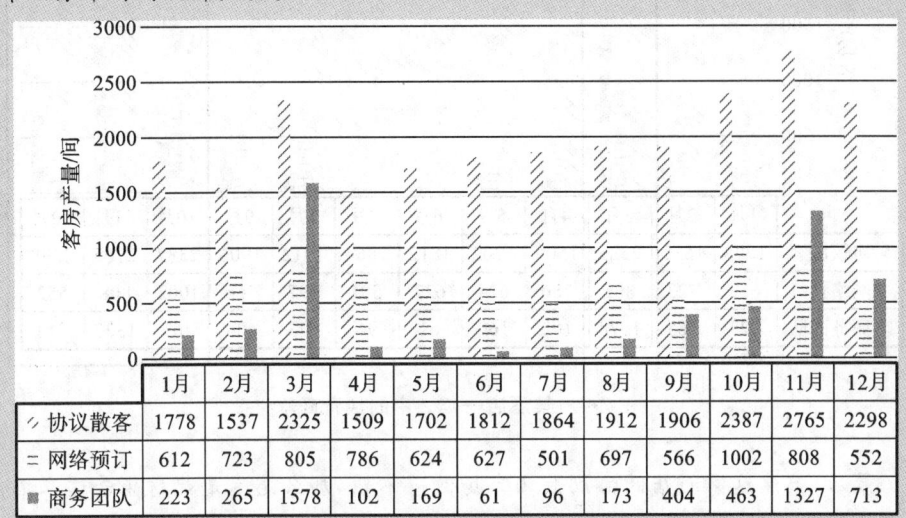

图 3-3 某酒店前 3 名细分市场月度产量

毫无疑问,图中所显示的协议散客、网络预订、商务团队这三个市场是这家酒店最重要的三个细分市场。对图 3-3 进行分析可以得到很多有用的信息。

(1) 这家酒店是一家商务型酒店还是一家度假型酒店?

这家酒店应该是一家比较典型的商务型酒店。因为在各个细分市场中,该酒店的协议散客最多,客房数量最多,商务团队也位列酒店市场的前 3 位之中,这已经能够比较充分地证明,这家酒店具有明显的商务属性。

(2) 这家酒店一年之中的经营旺季是哪几个月?

在图 3-4 中可以看到,3 月、10 月、11 月以及 12 月这几个月卖出的房间数较多,简单地讲,这家酒店在新年后以及年底这两个时间段内生意比较好,这也比较符合传统商务型酒店的经营规律。

(3) 作为一家比较典型的商务型酒店,这家酒店在经营上有没有什么问题?

首先,比较容易发现的是,这家酒店协议散客的占比较大,在收益管理的实践中,协议散客通常是一家商务型酒店经营的"基本仓",在总市场份额中的占比应不小于 35%,从这家酒店的数据上看,协议散客的客房产量远远高于这个比例,说明本地商务市场维护得不错。

其次,再来分析网络预订市场,网络预订市场价格为 675 元高于协议散客市场的 575 元,这意味着网络预订市场单间客房的收益会高于协议散客市场,但是这个市场的客房产量却不高。因此酒店在维护协议散客市场的同时,还应该大力发展网络预订这个细分市场。

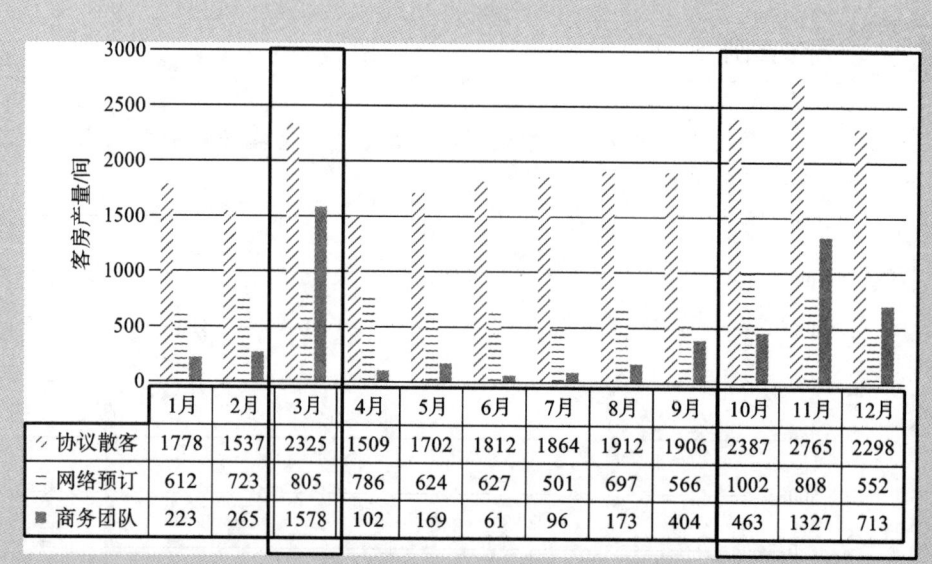

图 3-4　某酒店一年之中的经营旺季

最后，虽然这家酒店的协议散客市场做得不错，那么是不是就意味着这家酒店在商务团队市场中也表现得非常优秀呢？也不一定。这里就需要仔细分析商务团队市场的数据了。从历史数据中我们可以发现：商务团队市场在 3 月、11 月及 12 月客房产量较高，这主要是因为开年和年底各大公司、企业及单位的会议需求总量增加带来的"红利"效应，这些时间段属于会议团队的高需求期，其他酒店会议团队的产量同样不会很低。除这几个月外，这家酒店其他几个月商务团队的客房产量很少，呈现出协议散客多、会议少的经营特点，这说明什么呢？简单来说，那就是这家酒店的合作公司和客户，愿意到这家酒店住宿，却不愿意到这家酒店开会。所以这家酒店应该去了解其中的原因：是产品设施的问题？是服务的问题？还是市场营销客户关系管理的问题？通过一一排查，了解顾客的真实想法和需求，想办法提升酒店的商务团队客房产量，从而提升酒店的总体收益。这些结论完全是基于市场细分数据的分析，这也是酒店为什么要进行市场细分的价值和意义所在。

任务三　酒店市场细分的方法

一、常用的市场细分方法

市场营销学中大家比较熟悉的市场细分方法有以下几种。

（一）按照人口统计学变量细分

按照人口统计学变量细分是指按照顾客的年龄、性别、收入、国籍、职业等因素划分。顾客的需求不仅受居住区域的影响，而且还受到年龄、性别、收入等人口统计学变量的影响。依据年龄阶段对市场进行细分，比如 20 岁以下划归为少儿市场，20~40 岁划归为青年市场，同时还划定了老年市场。这就是人口统计细分，是将人口统计学变量用在市场细分中形成的细分方式。目前，企业在进行人口统计学变量细分时常采用的是年龄、性别、收入、所处的不同家庭生命周期等人口统计学变量。

（二）按照心理变量细分

按照心理变量细分即根据顾客的生活方式、个性特点等因素划分。人们追求的生活方式各不相同，有的追求方便快捷，有的追求休闲舒适，有的追求新潮时髦，有的追求恬静简朴。个性特点指的是一个人稳定的心理倾向和特征。

（三）按照地理变量细分

按照地理变量细分是按照顾客所在的国家、地区、城市等信息划分。地理细分最常见的变量是区域变量，如在我国，可以划分为东北、华北、西北、西南、华东和华南几个地区；也可以按照地理区域来进行细分，如划分为省（自治区）、市、县等，或内地、沿海、城市、农村等。不同地区的需求显然存在较大差异。除了区域变量之外，城市规模、人口密度变量以及自然环境、气候条件变量用得比较多。如在我国北方，冬天气候寒冷干燥，加湿器有很大市场；但在江南空气湿度大的地区，基本上不存在对加湿器的需求。

（四）按照行为变量细分

以上三种都是酒店集团的品牌经理或者公共关系经理经常用到的市场细分方法，他们往往通过此类方法对顾客的人口特征、心理等进行跟踪，从而确定自己的目标市场，明确酒店品牌的定位。但仅依靠以上三种市场细分方法来获得市场数据并不充分，不足以有效提高酒店的运营效率。消费者购买某一产品是为了解决某一问题，满足某种需要。比如"人们需要的不是钻孔机，需要的是钻出来的圆孔"，钻孔机能钻出圆孔就是人们想要的利益。很多时候产品提供的利益往往并不是单一的，而是多方面的。顾客对这些利益的追求有所侧重，比如有的人订酒店时看重经济实惠，而有的人看重的则是酒店的品牌和品质等。这些不同利益的追求者群体就可以作为不同的细分市场。

因此，在收益管理中，我们主要采用行为细分的方式进行市场细分，即按照顾客对产品的了解程度、态度、使用情况及反应等划分。行为变量细分法聚焦于顾客消费行为、需求、追求的利益、忠诚度等因素的考查，更能直接地体现顾客的需求差异，与酒店收益管理理念的匹配度较高。

但是这并不意味着，只有按照行为划分获得的市场数据才能有效提升酒店的经营效率，而其他几种划分方法获得的市场数据就毫无价值。

同步案例

表 3-4 国内某家酒店语种市场细分统计表　　　　　　　　　　（%）

项目		7月	8月	9月	10月	11月	12月	月度平均
市场细分	散客	100.0	94.8	96.9	97.8	90.9	93.4	95.2
	团队	0.0	5.2	3.1	2.2	9.1	6.6	4.8
	协议	0.0	0.0	0.0	0.0	0.0	0.0	0
服务项目使用	互联网	75.0	66.0	65.5	64.4	10.7	63.1	65.8
	餐饮	68.8	66.2	67.1	61.1	74.1	63.0	67.1
	健身中心	40.5	20.0	25.9	33.2	17.7	33.3	27.2
	行政楼层	34.5	32.0	20.7	28.9	27.4	24.1	27.2
	水疗	9.4	6.0	10.3	4.4	6.5	0.0	6.0
	其他	6.2	4.0	1.7	6.7	0.0	5.6	3.7
	无项目使用	3.1	6.0	10.3	4.4	4.8	7.4	6.3
顾客使用语言	英语	37.1	32.8	26.6	47.8	30.4	37.7	34.5
	阿拉伯语	0.0	0.0	0.0	0.0	0.0	0.0	0
	汉语	25.6	20.7	20.3	32.6	28.8	18.0	23.9
	荷兰语	0.0	0.0	0.0	0.0	0.0	0.0	0
	法语	0.0	0.0	0.0	0.0	0.0	1.6	0.3
	德语	5.8	0.0	1.5	0.0	0.0	0.0	0.9
	意大利语	0.0	0.0	0.0	0.0	0.0	0.0	0
	日语	5.7	6.9	0.0	0.0	1.5	3.3	2.7
	韩语	25.7	39.7	30.0	19.6	39.4	39.3	37.3
	葡萄牙语	0.0	0.0	0.0	0.0	0.0	0.0	0
	俄语	0.0	0.0	1.6	0.0	0.0	0.0	0.3
	西班牙语	0.0	0.0	0.0	0.0	0.0	0.0	0
	土耳其语	0.0	0.0	0.0	0.0	0.0	0.0	0

表 3-4 是国内某家酒店按照顾客所说的语种进行市场细分的统计情况，类似于按照地理划分。我们可以看到，这个酒店的顾客市场构成中有一个特色，那就是这家酒店讲韩语的顾客占比特别大，在某些月份酒店的韩国顾客甚至占到了接近 40%，6—12月的6个月中韩国顾客平均占比达到 37.3%，而与此同时，酒店集团旗下与该酒店同一品牌酒店的韩国顾客平均占比仅有 0.8%。这个统计数据也意味着，韩国顾客这个细分市场已经成为这家酒店最为重要的市场，如果丢掉了这个市场，酒店的经营将会遭到重创。酒店应该持续关注韩国市场的变化及流动情况，因此，按照地理划分细分市场对于这家酒店而言就显得极为重要。

同步思考

> 如果你是这家酒店管理人员,将会采取哪些措施来维护韩国市场?

二、按照行为进行市场细分的划分方法

当我们分析任何细分市场的行为时,需要试图去理解每个细分市场的行为,目的是为其制定更有效的营销策略。我们需要知道顾客为什么会在这里?他们是出于休闲或商务、家庭或社交的目的,还是完全只是因为对于酒店品牌的喜好而在这里。顾客出行的规模有多大?是个人还是团队?客人看中酒店的是质量、价格还是酒店为顾客所提供的场景氛围?顾客是否对酒店产品有一定的忠诚度?他们是第一次来还是回头客?如果是回头客,他们多久会来酒店一次?所有这些信息和数据都将帮助收益经理形成一个良好的行为分析,从而制定出正确的营销策略和收益管理计划。按照行为进行市场细分划分也是许多国际连锁酒店集团的普遍做法。

下面来看一个酒店业市场细分的示例。首先,按照顾客出行规模,酒店将市场分为散客市场、团队市场和其他市场三个一级市场(图3-5)。其次,我们可以依据一些原则将每个一级市场划分为多个二级市场,即形成不同的细分市场组。

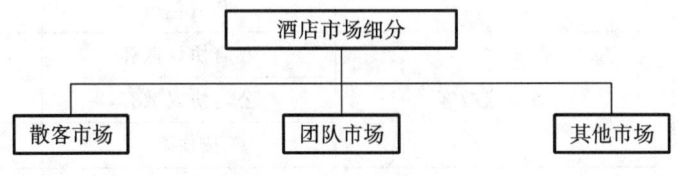

图3-5 酒店一级市场细分

例如,按照有合同或无合同、动态价格或固定价格的原则可将散客市场分为有协议散客和无协议散客两个细分市场组。一般来讲,有协议的散客很有可能执行的就是固定价格,而无协议散客会去寻找他们能在公开市场上获得的任何交易价格,而这个价格很有可能是一个动态价格。另外,在酒店业中,休闲类顾客常常属于无协议散客细分市场组,而商务型顾客则往往属于有协议散客细分市场组(图3-6)。

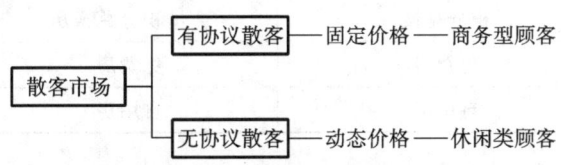

图3-6 酒店散客市场细分

我们再来看团队市场,按照一次性和系列性、有会议和纯住房无会议的原则将团队市场分为旅游团和商务团两个细分市场组(图3-7)。旅行团有一次性的旅游团队和系列性的旅游团队,休闲市场的旅游团细分市场组一般不会涉及会议,另外在商务团细分市场组中,会存在有会议和纯住房无会议的区别。而对于"散客"与"团队"的定义,也许各个酒店之间也存在差异,常见的方法可能是依据订房数量的多少来界定这个订单是

属于"团队"还是属于"散客"。例如,酒店规定订房量超过5间才可视为团队。

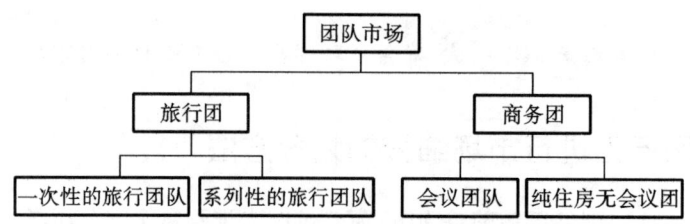

图 3-7　酒店团队市场细分

在各个细分市场组下,各个酒店会依据自身的情况继续将这些细分市场组细分成更多的具体的细分市场,表 3-5 就是一个酒店整个市场细分的框架结构,从市场一级划分到细分市场组再到各个具体细分市场的划分。这些细分市场是基于酒店和顾客的各种特定因素而产生的。

表 3-5　酒店各级细分市场组及市场代码

一级划分	二级划分	细分市场名称(三级)	细分市场代码
散客市场	非协议散客	最佳可用房价	BAR
		折扣促销	DIS
		套餐包价	PKG
	商务协议散客	政府协议散客	GOV
		公司协议散客	COR
		长住客	LSG
	批发商/代理商/协议散客	旅行社散客	WSL
团队市场	商务团	公司团	MTG
		政府团	GOG
	旅游团	非系列旅游团	ADH
		系列旅游团	SER
	机组	航空机组	CRE
其他市场	积分兑换	会员积分兑换房	MEM
	免费房	免费房	COM
	自用房	自用房	HSE

三、酒店的各个细分市场分析

了解了酒店市场细分的框架结构以后,接下来我们进一步对各细分市场进行具体分析。

(一)散客市场

非协议散客细分市场组主要包括最佳可用房价细节市场,有些时候根据酒店的具体营销策略也会存在折扣促销、套餐包价等细分市场。最佳可用房价细分市场主要包括 walk-in、直接向酒店预订顾客、OTA 顾客、集团/公司官方网站顾客、自有新媒体平台顾客等(图 3-8),这类顾客往往以公开市场价(最佳可用房价)入住,对于酒店来讲这类顾客对酒店收入贡献最高。

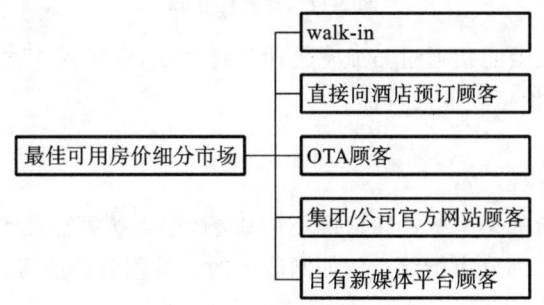

图 3-8　最佳可用房价细分市场

商务协议散客细分市场组主要包括政府协议散客、公司协议散客、长住客等细分市场(图 3-9),这类顾客通过酒店人员或市场部与之签订订房协议,享受协议价,他们是商务型酒店最为重要的客源,顾客消费能力强、产量稳定、大多会提前订房。

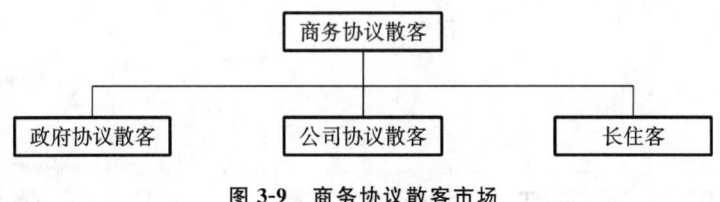

图 3-9　商务协议散客市场

批发商/代理商协议散客细分市场是指某些旅行公司和组织、批发商等与酒店签订批量订房合同,而后再通过零售的方式转售给消费者,此类市场客源量较大、顾客对价格较为敏感。

(二)团队市场

商务团细分市场组主要包括政府团和公司团两个细分市场(图 3-10),主要是协议公司、会展公司、中介预订,包括企业会议、公司年会、培训、展览、协会活动、社会团体、政府会议等方面的顾客,这类顾客具有规模大、占房量大、总消费金额高的特点,但同时也往往存在付款周期较长的风险。

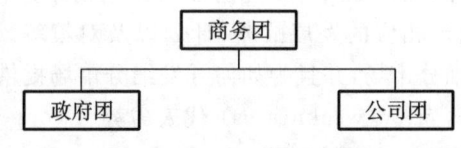

图 3-10　商务团队市场

旅游团细分市场包括非系列旅游团(零星团)和系列旅游团两个细分市场(图 3-11),主要是指通过旅行社预订,所有行程由旅行社安排的团队,对于这类市场的顾客酒店一般要求旅行社先付款,信誉好的旅行社可考虑定期结算。

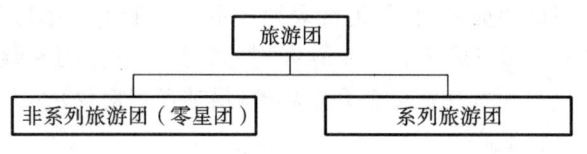

图 3-11 旅游团市场

机组细分市场主要是指通过与航空公司签订协议，安排入住酒店的机组成员，这个市场具有产量稳定、价格较低的特性。

(三) 其他市场

其他市场主要指的是一些特殊情况下的市场，这类顾客往往不能清晰地归类为散客或团队中的某一个细分市场组。例如酒店中的会员积分兑换房、免费房、自用房等情况（图 3-12）。

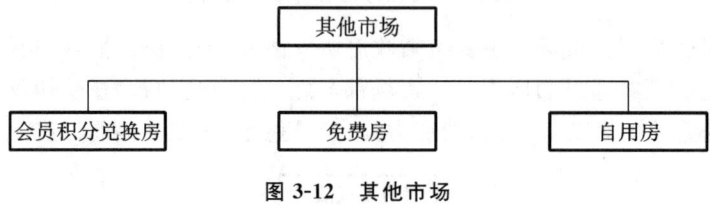

图 3-12 其他市场

任务四　酒店细分市场的评估——SWOT 分析法

面对酒店众多的细分市场，如何将有限的资源进行合理的分配，从而把握市场的重点及发展方向呢？要回答这个问题，我们就需要做好对各个细分市场的评估，在这一节中，我们将运用 SWOT 分析法为大家介绍如何评估酒店的细分市场。

一、SWOT 分析法概念

SWOT 分析法是一种常用的战略规划工具，它将与研究对象密切相关的各种主要内部优势、劣势和外部的机会和威胁等各种因素相互匹配起来加以分析，从而得出相关的决策性结论。运用这种方法，可以对研究对象所处的情景进行全面、系统、准确的研究，从而根据研究结果制定相应的发展战略、计划以及对策等。SWOT 分析法能够帮助我们确定优先考虑的细分市场，并且为如何开发细分市场提供战略性指导意见。

S(strengths) 代表优势、W(weaknesses) 代表劣势、O(opportunities) 代表机会、T(threats) 代表威胁。SWOT 矩阵图如图 3-13 所示。

优势，是组织机构的内部因素，具体包括有利的竞争态势、充足的财政来源、良好的企业形象、技术力量、产品质量、市场份额、成本优势、广告攻势等。

劣势，也是组织机构的内部因素，具体包括设备老化、管理混乱、缺少关键技术、研究开发落后、资金短缺、经营不善、产品积压、竞争力差等。

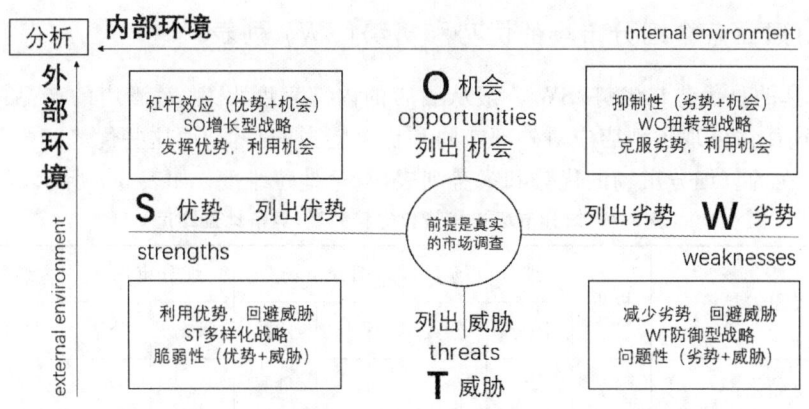

图 3-13 SWOT 矩阵图

机会,是组织机构的外部因素,具体包括新产品、新市场、新需求、外国市场壁垒解除、竞争对手失误等。

威胁,也是组织机构的外部因素,具体包括新的竞争对手、替代产品增多、市场紧缩、行业政策变化、经济衰退、客户偏好改变、突发事件等。

SWOT 分析法的优点在于考虑问题全面,是一种系统思维,而且可以把对问题的"诊断"和"开处方"紧密结合在一起,条理清楚,便于检验。

二、酒店市场细分的 SWOT 分析

接下来我们具体介绍如何运用 SWOT 分析法对酒店的市场细分进行分析和评估。

(一)建立各个细分市场的机会和威胁(OT)列表

OT 指的是机会与威胁,OT 一般从酒店的外部角度出发,分析市场或外部环境给酒店带来的威胁或机会。这些机会和威胁可能现在已存在,也可能出现在未来。细分市场的机会和威胁列表(机遇维度)如表 3-6 所示。

表 3-6 细分市场的机会和威胁列表(机遇维度)

机会和威胁	权重	细分市场 1		细分市场 2		细分市场 3		细分市场 4	
		评分	分数	评分	分数	评分	分数	评分	分数
客户满意度高	19	3	57	3	57	2	38	−1	−19
客户数量	15	3	45	2	30	−1	−15	2	30
使用我们的产品	15	2	30	3	45	3	45	3	45
使用我们产品的意愿	15	2	30	2	30	3	45	1	15
客户期望水平高	14	3	42	2	28	0	0	0	0
竞争对手的活动水平	10	2	20	0	0	2	20	2	20
客户基数大小	8	2	16	1	8	3	24	0	0
社会成本高	4	1	4	3	12	3	12	−1	−4
总计	100		244		210		169		87

(二)建立各个细分市场的优势和劣势(SW)列表

SW 指的是优势与劣势,SW 一般从酒店的内部角度出发,对酒店的产品或服务展开分析,这往往体现了酒店应对外部威胁和机会能力的高低,而这些优势和劣势往往是现在就存在的。细分市场的优势和劣势列表(竞争地位维度)如表 3-7 所示。

表 3-7 细分市场的优势和劣势列表(竞争地位维度)

优势和劣势	权重	细分市场1		细分市场2		细分市场3		细分市场4	
		评分	分数	评分	分数	评分	分数	评分	分数
差异化	18	3	54	1	18	2	36	−1	−18
资料/信息	12	2	24	2	24	1	12	0	0
经验	12	2	24	2	24	2	24	−1	−12
目标设定	5	3	15	2	10	1	5	2	10
认可	15	3	45	2	30	1	15	0	0
定位	18	2	26	3	54	1	18	0	0
成熟的销售团队	12	3	36	2	24	1	12	2	24
培训	8	2	16	3	24	1	8	1	8
总计	100		240		208		130		12

(三)给清单中的各项影响因素赋予权重

权重的大小代表为取得在整个市场中的胜利,此因素应得到重视的程度。假设每个清单的总分为 100 分,然后将其分配给各影响因素。表 3-6 和表 3-7 的第二列是某酒店给各项因素赋予权重的情况,大家可以看到,在 OT 列表中,"顾客满意度高"影响最大,占比达 19%,而在 SW 列表中,"差异化"和酒店的品牌"定位"两个因素的影响度更大,占比达 18%。

(四)给每个细分市场的影响程度打分

需要注意的是,这里的 SWOT 分析是针对每个具体的细分市场进行分析的。一家酒店的顾客满意度也许在商务协议散客市场表现得很好但在商务团队市场的表现较差,因此就出现了"顾客愿意到这家酒店来住宿,却不愿意到这家酒店来开会"的情况。对于每个影响因素的打分,我们可以按照 3 分到 −1 分分别计分,3 分表示在这个因素上酒店做得非常好,2 分表示比较好,1 分表示一般,0 分则表示在这个因素上酒店毫无成绩或者说做得不够好,而 −1 分就表示在这个因素上酒店做得很差并且对市场产生了负面影响。然后我们就可以根据每个细分市场的具体情况,逐项打分了。

(五)计算得分

将 OT 列表和 SW 列表中每个维度的评分与权重相乘,就可获得各维度的最终得分,最终计算出每个细分市场在 OT 列表和 SW 列表上的两个总得分。在 OT 列表中,顾客满意度维度的权重为 19%,细分市场 1 的评分为 3 分,细分市场 1 在顾客满意度上的得分为 57 分,各维度得分加总后可知细分市场 1 在 OT 列表(机遇维度)的总分为 244 分。同理,细分市场 1 在 SW 列表的总分为 240 分。

(六)建立战略决策方格图

我们根据各细分市场的得分,就可以确定每个细分市场在决策方格图中所处的位置。从图 3-14 中可以看到,各细分市场分别落在了图中的不同区域内。细分市场 1 和细分市场 2 落在了 A 区域内,表明此市场现在或未来有很好的机会,且酒店在这个市场中竞争优势明显;细分市场 3 落在了 B 区域内,表示此市场有中等的机会和优势;细分市场 4 落在左下方 C 区域内,表明此市场的机会很一般,且酒店在这些细分市场内并没有明显的优势。

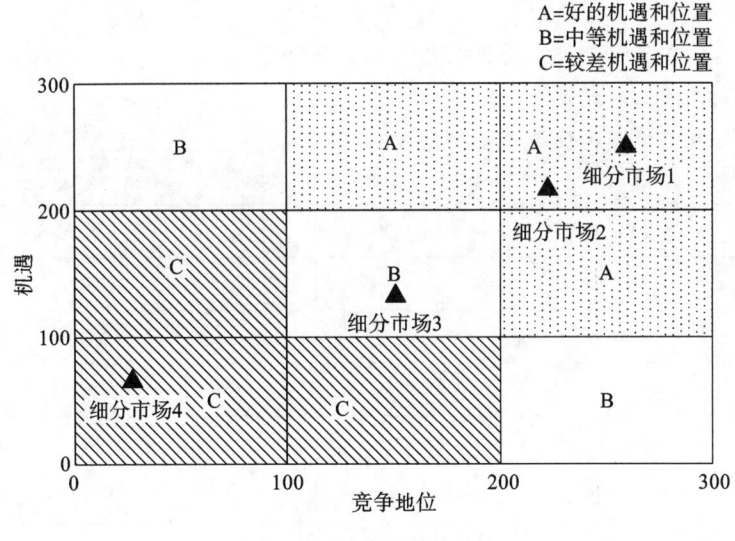

图 3-14 战略决策方格图

(七)战略决策

酒店应该将在各类资源分配中,优先考虑 A 区域内的细分市场,并为此市场制定有针对性的战略宣言,通过这样的方式充分扩大酒店的竞争优势,提升酒店的运营效率。战略宣言可以是描述性的,但一般应包括目标、范围和如何体现竞争(图 3-15)三个方面,如体现产品差异化,促进行政楼层客房在细分市场 1 和细分市场 2 中的销售。

(八)设定具体的市场目标

设定具体的市场目标即在战术层面形成完成战略目标的具体方案。市场目标的设定一般越具体越好,它们往往是定量化的。例如针对前文提到的战略宣言,我们的市场

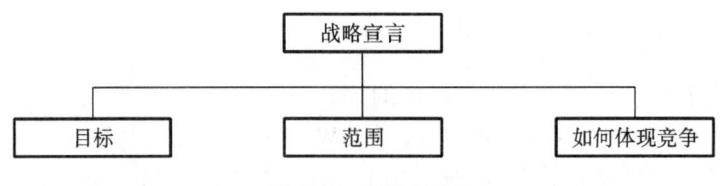

图 3-15　战略宣言

目标可以是"在 3 个月内使酒店行政楼层客房的出租率提升到 80%"。

通过 SWOT 分析法，可以帮助酒店了解最有吸引力的细分市场，合理分配资源，同时也能够让酒店明确未来市场的发展方向，清楚影响各个细分市场的各种内外部因素，为改善酒店在各细分市场的竞争地位提供决策性的参考意见。

 课程思政

在表 3-5 的酒店各个细分市场组及市场代码中，我们列举了酒店整个市场细分的框架结构，下面以某酒店细分市场为例（表 3-8），运用酒店市场细分原则和方法，试分析：

（1）是否每个酒店都需要覆盖所有细分市场？
（2）该酒店的细分市场是否合理？
（3）酒店该如何正确选择市场细分构成？

表 3-8　某酒店细分市场

细分市场名称	细分市场代码
误机团	AIG
最优可卖房价	BAR
免费房	COM
公司协议价	COP
机组	CRW
折扣促销	DIS
政府散客	GOV
政府团队	GOG
自用房	HSE
长住客	LSG
会员	MEB
会议	MIC
第三方渠道	OTA

续表

细分市场名称	细分市场代码
其他	OTH
挂牌价	RAC
促销	SPR
旅行社团	TAG
旅游散客	WHS
钟点房	ZDF

项目小结

1. 介绍市场细分的概念和原则。
2. 理解市场细分的意义。
3. 掌握市场细分的方法。
4. 学会运用 SWOT 分析法,对酒店细分市场进行评估。

项目训练

1. 试分析 W 酒店的产品和服务是如何满足其目标细分市场的需求的。
2. 运用所学内容,对酒店收益管理系统中的细分市场年度报表进行分析,共同研究和探讨酒店该如何提升经营效率。(各细分市场详细经营数据请扫描二维码)

项目训练图
▼

项目四
客房价格管理

 项目描述

客房价格是影响消费者决策的重要因素,是酒店的产品和服务能够销售出去、酒店收回成本并实现收入和利润目标的关键。然而单一和固定的客房价格不仅无法满足酒店收益最大化的需求,还会使酒店潜在收入和利润流失,而解决这一问题的有效方法是实行动态定价。受市场供需关系变化和市场竞争的影响,良好的价格体系应是变动的价格体系,是能够准确反映供需变化和市场竞争的价格体系。本项目在系统介绍传统酒店客房定价方法的基础上,重点对动态定价、最佳可用房价和酒店客房价格体系的制定进行了详细的阐述。

 项目目标

知识目标
1. 理解实施动态定价的动因。
2. 掌握酒店客房定价方法、最佳可用房价的制定及客房价格体系。

能力目标
1. 能够分析、判断、选择合适的客房价格体系。
2. 能够熟练评价酒店价格变化的合理程度。
3. 实现动态定价的有效管理,提升酒店可持续运营能力或盈利能力。

思政目标
1. 强化服务行业的基本准则,恪守公平交易、公平竞争的职业道德。
2. 培养学生自主学习意识,加强合作学习和团结协作能力。
3. 提高学生发现问题、解决问题以及灵活应变能力。

项目四　客房价格管理

知识导图

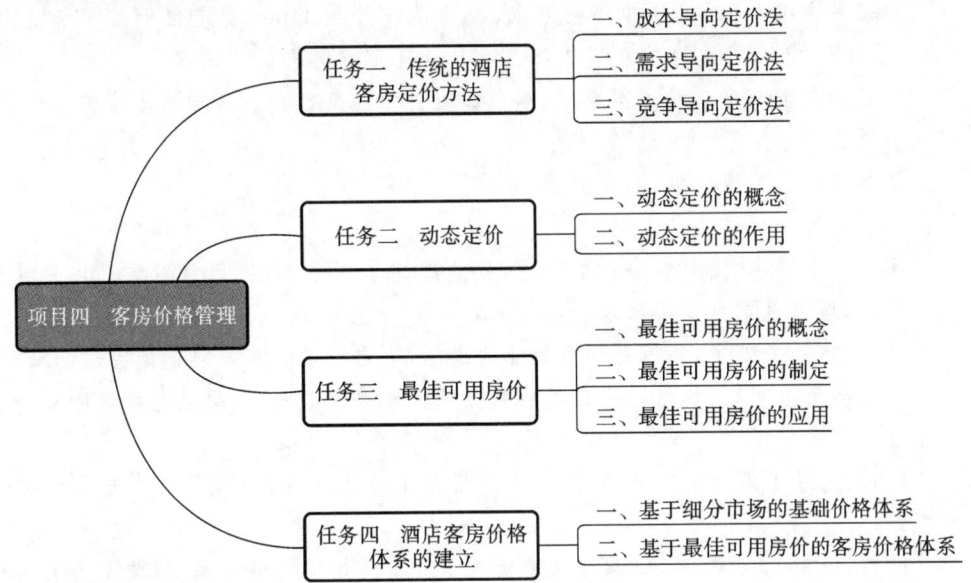

学习重点

1. 收益管理中酒店客房的定价方法、价格体系。
2. 最佳可用房价的制定及如何实施动态定价。

项目导入

Uber(Uber Technologies, Inc.)中文译作"优步",是一家美国硅谷的科技公司,以移动应用程序连接乘客和司机,提供租车及实时共乘的服务。2012年初,Uber位于波士顿的研究组发现,每到周五和周六凌晨1点左右,会出现大量的"未满足需求"。导致这种现象的原因是,在这个时段大部分司机退出Uber系统,准备收工回家;而恰恰这会儿聚会结束的人准备回家。这就造成了瞬间的供需不平衡,在最需要用车的时候却叫不到车,用户的抱怨与日俱增。于是Uber的工作人员想出如下几个方案(图4-1)。

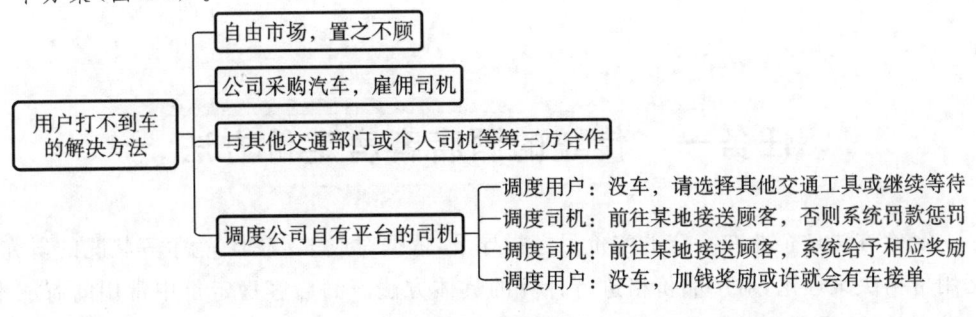

图4-1　解决方案

第一种方案是完全自由市场,没有任何调控,Uber是一家理性的公司,显然不会这么做。

第二种方案Uber几乎也不会采取,因为从一开始Uber就定位于共享经济,即C2C,将B2C和C2C混合的经济体,这是Uber不愿意考虑的方向。

第三种方案与第二种方案类似,都会加重公司的负担并且与初始定位相违背,所以也被否决。

那就只剩下第四种方案,调度。

下面仔细分析这4种方案。

第一个方案,并没有解决当下问题,只是陈述了一个事实,而且对自己用户并没有负责任,所以基本可以不采取。

第二、第三个方案,相信是很多企业的选择,毕竟还是会有司机选择去这么做,但是这里也会产生问题:如果是惩罚可能将会产生较差的体验,如果是补贴奖励则会加大企业的支出。

Uber选择了第四个方案,打不到车的用户请多出点钱,也就是动态定价的基本原型。

随后,Uber尝试在高峰期(午夜到凌晨3点)适当提高乘车单价,看是否有司机响应。仅仅两周后,他们就得到了非常好的反馈,在该时段的提价,使得出租车的供应量增加了70%~80%,几乎满足了三分之二的"未满足需求",这绝对是个重大突破。看来在该领域,供应量的弹性非常大,在市场价格调高后,司机确实更有动力守候在午夜时分。

这个调查成功地开启了Uber的动态定价,随后便正式应用在高峰时段。动态定价的算法也十分智能,在用户等待时间曲线有比较陡峭的上升趋势时,便会触发该算法。

(案例来源:Uber董事会成员Bill Gurley对Uber的定价策略(环球旅讯)整理改编)

★剖析:Uber动态定价模型中的供求关系也是非常直观的。当供不应求时,算法会自动提高价格、减少需求、提高供给,使得供需达到一个动态平衡。这个过程持续不了多久,因为当供给逐渐大于需求时,价格又会恢复到初始水平。这个过程循环往复,始终维持着平衡。试想如果需求增加,而不升高价格,会发生什么?用户等了好久都没叫到车,"未满足需求"井喷,用户不满意,就不会再使用Uber。

任务一 传统的酒店客房定价方法

定价方法是企业在特定的定价目标指导下,依据对成本、需求、竞争等状况的研究,运用价格决策理论,对产品价格进行计算的具体方法。酒店客房定价中常用的有成本导向定价法、需求导向定价法和竞争导向定价法三种基本方法。然而,由于客房价格是

随着市场供需情况波动而变化的,因此,首先需要对客房价格设定其动态变化区间。如图 4-2 所示,客房产品的价值决定了基本价格,故以成本定价为价格下限;顾客的支付能力决定了市场需求价格,故以需求定价为价格上限;而市场竞争态势决定了实际成交价格,故以竞争定价为实际交易价格。

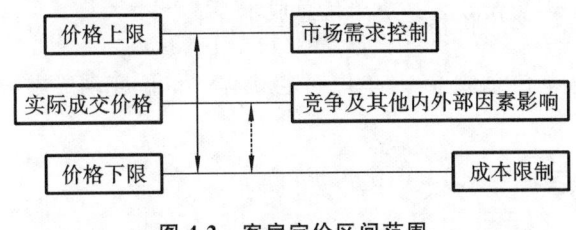

图 4-2　客房定价区间范围

一、成本导向定价法

成本导向定价法是以酒店经营成本为基础制定客房产品价格的一种方法,即在产品单位总成本的基础上,加上单位平均利润分摊额和相应税金而形成价格的一种定价方法。成本导向定价法简便易行,分类繁多,因此在传统酒店客房定价中应用十分广泛。酒店常用的成本导向定价法主要包括以下几种。

(一)千分之一定价法

千分之一定价法,也称为建筑成本定价法,是国际上通用的一种根据酒店建筑总成本来制定客房价格的一种方法,即客房价格等于酒店建筑总成本的千分之一。其计算公式为:

$$客房平均价格 = \frac{酒店建造总成本}{酒店客房总数} \times \frac{1}{1000}$$

 同步思考

某五星级酒店建造总成本为 2 亿元人民币,客房总数为 500 间,请用千分之一定价法来确定其房价。

为什么客房平均价格等于造价的千分之一?我们可以这样理解:假设每间客房一年 365 天每天都能租出去,在三年内共租出 1095 次(等于 365 乘以 3),约等于出租了 1000 次,所以如果用其去除造价,便得到它的价格。换句话来说,就是按照 400 元的平均价格,大致三年后该酒店可以收回投资成本。

由于千分之一法十分易懂易算,所以常常被用于指导酒店(尤其是新建酒店)对客房平均价格的估算,判断酒店现行客房价格的合理程度,但是由于它只考虑酒店的投资成本和投资回报期,没有考虑经营及市场等其他因素,所以只能作为参考价格,不适宜作为日常的经营管理中实际采用的价格。

(二)盈亏平衡定价法

盈亏平衡定价法是在酒店客房销售收入等于客房总成本的情况下制定的客房价格,即保本价格。其计算公式为:

$$客房价格 = \frac{单位总成本}{1-营业税率}$$

$$单位总成本 = 单位固定成本 + 单位变动成本$$

同步思考

某酒店有客房100间,其中,标准间80间,套间20套。标准间每日客房固定成本为200元,套间每日客房固定成本为390元,每间(套)的每日变动成本为85元,营业税率为5%,请用盈亏平衡定价法分别计算标准间和套间的房价。

该方法计算出的价格通常作为酒店定价的衡量标准和依据。如图4-3所示,在不考虑营业税率的情况下,P_2即为盈亏平衡点的保本价格,此时利润为零。当价格高于P_2时,例如P_0和P_1,酒店即可获得利润;当价格低于P_2时,例如P_3和P_4,酒店有亏损的风险。由于酒店客房产品具有不可储存性、高固定成本低变动成本等特点,如果当晚一间客房空置,则必然会造成单位总成本的损失;而如果将价格降至P_3出租,则可以挽回单位变动成本和部分固定成本的损失,因此在特殊情况下,P_3也可以作为一种营业价格存在,比如酒店的尾房以低于保本价的价格出售。但是,值得注意的是,当价格低于P_4时,则停止销售。在特殊情况下,酒店客房动态定价的下限价格实为单位变动成本,但正常经营时的下限价格为单位总成本,即保本价格。

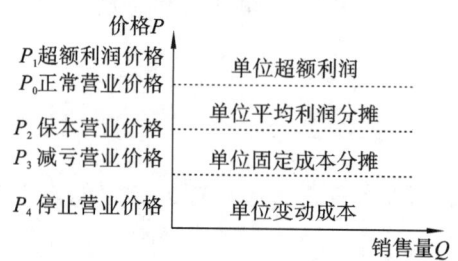

图4-3 成本导向定价法价格类型

(图片来源:祖长生,《饭店收益管理》,2021年)

同步思考

由上一同步思考可知,某酒店标准间和套间的保本价格分别为300元、500元,每间(套)的单位变动成本为85元,营业税率为5%,请问标准间和套间的减亏营业价格和停止营业价格分别是多少?

（三）成本加成定价法

成本加成定价法是按酒店产品的成本加上一定比例的加成率而进行定价的一种方法。其计算公式为

$$客房价格 = \frac{(单位变动成本 + 单位固定成本) \times (1 + 加成率)}{1 - 营业税率}$$

 同步思考

某酒店有客房 100 间，预计客房出租率为 60%，全年客房固定成本为 657 万元，客房单位变动成本为 80 元，预期的加成率为 50%，营业税率为 5%，请用成本加成定价法计算房价。

成本加成定价法的优点在于能够保证回收酒店所花费的所有成本，并且在正常情况下获得稳定利润，如图 4-2 中的价格 P_0 和 P_1；酒店更容易把握成本变化，也会使顾客感到公平。但其缺点是忽略了酒店客房产品在不同市场环境下的不同价值体现，不能适应迅速变化的市场要求，缺乏应有的竞争力。

（四）目标收益定价法

目标收益定价法，又称投资收益率定价法，它是根据酒店的投资总额、投资回收期、预期客房销量等因素来确定价格，即达到某一目标利润时的价格。其计算公式为：

$$客房价格 = \frac{单位总成本 + 单位目标利润}{预期客房销量 \times (1 - 营业税率)}$$

$$目标收益率 = 1 / 投资回收期$$

$$目标利润额 = 投资总额 \times 目标收益率$$

 同步思考

某酒店有客房 150 间，酒店每天应摊销的固定成本为 10800 元，预计客房出租率为 60%，每间客房每天的平均变动成本为 60 元，营业税率为 5%。

计算：该酒店投资总额为 730 万元，预期投资回收期为两年，其客房价格该定多少？

二、需求导向定价法

需求导向定价法指的是根据市场需求状况和消费者对产品的感觉差异来确定价格。酒店常用的需求导向定价法主要包括以下几种。

(一)认知价值定价法

认知价值定价法指的是消费者对酒店产品的性能、质量、服务、品牌等方面有着自己的认知和评价,酒店会依据消费者在主观上对该产品所理解的价值,而不是产品的成本费用水平来进行定价,进而对产品的价值和价格进行权衡(图 4-4)。在酒店收益管理中,我们需要关注到消费者对酒店产品价值的主观评判,从而进行有针对性的产品设计以满足不同细分市场顾客的需要。

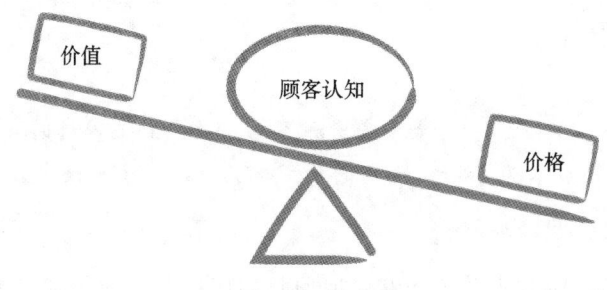

图 4-4 顾客认知价值

(二)需求差异定价法

需求差异定价法是酒店收益管理中最需要引起关注的一种定价方法。在收益管理的定价中,关注到的差异主要有两个方面,即时间和顾客。

时间差异指的是,市场对于酒店客房的需求有明显的淡旺季之分,表 4-1 所示为青海湖旁的酒店在不同时段客房的预订价格的差异。我们应运用价格杠杆来调节市场供需平衡,酒店的房价不应该是固定价格,而是促使价格变动与市场需求变化相一致的动态价格,在收益管理中我们把这种定价方法称为动态定价。

表 4-1 青海湖旁的酒店房价

预订时段	市场需求	动态价格/元
平季	一般	280
旺季	较大	380
周末	较大	320
提前半月预订	一般	220
节假日	饱和	420
重大活动日	饱和	460
连续住三天	一般	260

顾客差异指的是根据顾客不同的需求特征和价格弹性向顾客执行不同的价格标准。具体来讲,就是向不同细分市场的顾客执行不同的价格标准,在执行效果上类似于实现经济学中所提到的价格歧视。表 4-2 所示的是某酒店某月针对各细分市场实行差异定价,进而根据实现"合适的价格"匹配"合适的顾客"。

表 4-2 某酒店各细分市场月度明细

类型	间夜量	平均房价/元	收入/元
上门散客	44	574.5	25278
普通散客	218	444.82	96970.76
OTA 市场	404	425.09	171736.36
会员优惠	530	414.23	219541.9
公司协议	737	395.74	291660.38
线下旅行社批发散客	14	360.29	5044.06
政府团队	1951	414.81	809294.31
公司会议团队	2088	412.21	860694.48

（数据来源："壹蹴云全收入流整合分析系统"）

需求导向定价法的优点是从市场需求出发，充分考虑顾客购买需求和意愿，消除了成本导向定价法中只是考虑成本因素的弊端，并能通过价格的动态化来优化酒店的收益；缺点是酒店管理者对市场需求的判断或预测数据可能会存在一定的偏差，如果偏差过大，可能会导致定价不准确（过高或过低）。

三、竞争导向定价法

竞争导向定价法，是指在激烈的市场竞争中，以市场上相互竞争的同类酒店价格为定价基本依据，以竞争态势的变化确定和调整价格水平为特征，与竞争对手产品价格保持一定的比例，而不过多考虑成本及市场需求因素的定价方法。酒店常用的竞争导向定价法主要包括以下几种。

（一）随行就市定价法

随行就市定价法是指酒店在产品定价中使价格与竞争者的平均价格水平相一致，即酒店紧盯竞争对手的价格，使自己的价格随着竞争对手价格的变化而变化。在这种思想指导下，价格管理的目标变成使自己的价格与竞争对手的价格保持一致，所以，当竞争对手涨价时，跟着涨价；当竞争对手降价时，跟着降价。采用此种定价方法的酒店本质上是厌恶竞争的，认为竞争对手之间是可以和平相处的，倾向于维持有规则的竞争秩序，从而避免恶性和削价竞争的出现。这种定价法看似能使自己的酒店在竞争中不吃亏，其实未必如此。不加分析地跟着竞争对手走，有很大的盲目性和风险性。采用这种定价方法的酒店在实际经营中需要考虑以下几个方面的问题。

（1）本酒店和竞争对手酒店的成本结构未必一样，所以保持与竞争对手一致的价格未必能获得相同的利润。如果本酒店的成本比竞争对手的高，保持与竞争对手同样的价格不能长久。

（2）本酒店的市场地位和品牌形象未必与竞争对手的一样，所以，跟随竞争对手的价格变化而变化，未必能最大限度提高本酒店的销售量和销售价格，也未必能获得最大收益。例如，假设本酒店在市场中处于主导地位，而且已经接受了很多预订，如果竞争对手因预订不足而降价，本酒店未必要降价。相反，如果本酒店在市场竞争中处于劣

势,没有多少现实的预订量,如果竞争对手涨价,本酒店也跟着涨价,很可能失去本来应得的市场份额。

(3) 很可能导致酒店之间的"价格战",形成价格恶性竞争,导致本地区整体市场的损失。例如,如果某地区所有酒店都盲目涨价,必然使该地区酒店的平均价格过高,导致顾客流向别的地区。另外,如果某地区所有酒店都不加分析地降价,该地区的价格水平太低,会引起顾客对该地区酒店管理和服务水平的怀疑,导致预订量减少。如果降价能吸引很多顾客,那么该地区所占的市场份额虽然提高了,但是其利润水平却降低了。

此外,实行收益管理的酒店往往是愿意主动竞争的,这些酒店更希望借助价格这个工具来让酒店获得一定的竞争优势。因此,酒店收益管理的定价方法中较少考虑随行就市定价法。

(二) 投标定价法

投标定价法是通过投标交易的方式来进行定价的一种方法,主要应用于供大于求的市场时期。在这一市场时期,一些中间商或分销商会利用供大于求的机会通过向酒店招标的方式来获得对他们有利的价格,而酒店本着实现利润最大化的目的或者为了减少客房的闲置损失往往会参加投标。例如,旅行社组团的招标、OTA 网上竞价、会议单位向酒店发出的会议招标等都属于这种形式。在酒店行业的管理实践中,有一种价格称为 RFP(request for proposal)价格,这是全球著名的跨国公司(通常是世界 500 强企业)每年都会在全球或区域范围内寻找定点合作酒店时最后的签约价格。RFP 价格往往就会采用招标定价的方式,各大酒店集团为获得订单都会压低客房价格,因此 RFP 价格往往是一家酒店商务协议细分市场中最低一档的价格。

 知识活页

《财富》世界 500 强

1995 年《财富》世界 500 强第一次发榜。日本上榜企业的收入占《财富》世界 500 强总收入的比例达到了 37%,名列第一。1999 年《财富》全球论坛首次在中国上海举办,主题为"中国:未来的 50 年"。来自 60 家《财富》世界 500 强企业高管参会。2005 年《财富》全球论坛在中国北京举办,主题为"中国和新的亚洲世纪"。来自《财富》世界 500 强企业的 CEO 近 80 人参会。2011 年中国上榜企业总数量达到 69 家,超过日本。2013 年《财富》全球论坛在中国成都举办,主题为"中国的新未来",192 位《财富》世界 500 强企业高管参会。2016 年《财富》世界 500 强榜单上的中国大陆企业首次突破 100 家。2017 年《财富》全球论坛在广州举办,主题为"开放与创新:构建经济新格局",218 位《财富》世界 500 强企业高管参会。

改革开放 40 多年来,前 20 年中国企业从无到有;加入世贸组织 20 多年,中国现代化企业从小到大。企业发展质量和效益得到提升,培育具有全球竞争力的世界一流企业。现在看来,我们依然任重道远,中国企业如何从"大"转变为真正的强大,是我们需要共同关注和解决的问题。表 4-3 所示的是《财富》世界 500 强中国企业地区分布。

表 4-3 《财富》世界 500 强中国企业地区分布

地区	2021 年 500 强数量/家	2022 年 500 强数量/家
北京	60	55
上海	9	9
香港	9	7
深圳	8	8
杭州	7	4
广州	5	3
台北	5	5
厦门	3	3
苏州	3	3
佛山	2	2
福州	2	2
西安	2	2
济南	2	2
石家庄	2	1
乌鲁木齐	2	2
南京、青岛、武汉、太原、温州、大同、阳泉、金昌、滨州、新竹、桃园、新北、鞍山、长春、珠海、南宁、芜湖、铜陵、潍坊、昆明、龙岩、鹰潭	各 1 家	南京、青岛、武汉、太原、温州、大同、阳泉、金昌、滨州、新竹、桃园、鞍山、长春、珠海、南宁、芜湖、铜陵各 1 家

(数据来源:"2020 年、2021 年《财富》世界 500 强榜单")

知识活页

在 2021 年《财富》世界 500 强榜单里,中国大陆(含香港)上榜公司数量连续第二年居首,达到 135 家,比上一年增加 11 家;加上中国台湾地区公司,中国共有 143 家公司上榜。虽然 2020 年新冠肺炎疫情导致公司经营困难,但是上榜的中国公司的平均销售收入和平均利润却与上年基本持平。同时,进入 2021 年排行榜的中国公司不仅数量上的优势扩大,而且公司经营状况在横向对比中也有提升:135 家中国大陆(含香港)上榜公司平均利润约 35.4 亿美元,高于 500 家公司的平均利润(33 亿美元)。销售收益率和净资产收益率是两项重要指标,上榜的中国大陆(含香港)公司销售收益率与上一年持平,约为 5.4%;净资产收益率与上一年相比有所下降,约为 8.7%;均超过世界 500 强的平均数。中国有效地遏制了新冠肺炎疫情造成的危害,使得企业迅速恢复和扩大生产,国外订单的增加使得对外贸易扩大。2020 年中国是全球唯一实现贸易正增长的主要经济体,全年进出口规模均创历史新高,国际贸易的增长推动了中国公司经营的恢复和稳定发展。

酒店在投标中的定价是一种特殊的定价形式,需要酒店管理者掌握一定的定价技巧,并能够通过相应数据和概率分析来确定价格。由于投标中各个竞争者之间的价格是保密的,相互无法知道对方的底价。如果价格制定得过高,中标的概率就会偏低,有可能失去市场机会;而价格制定得过低,中标的概率虽然高了,但可能因价格低于盈亏平衡点而使酒店出现亏损,这就要求酒店管理者在投标定价中非常慎重。通常,在投标定价中应着重考虑投标的目的和目标、计算中标的成本和判断中标的概率三个要素,从而能取得理想的中标效果。投标定价法多应用在处于市场淡季的景区度假型酒店和会议型酒店,位于城市的商旅酒店也会在淡季参加 OTA 的网上竞标活动,以弥补淡季客源的不足。

(三)主动竞争定价法

从收益管理的角度出发,应用的更多的是主动竞争定价法。主动竞争定价法是指酒店在定价中充分挖掘产品的价值,找出与竞争者产品的差异化点,在准确市场定位的基础上,根据自身产品的特性来定价的一种方法。主动竞争定价法是收益管理策略中常用的定价方法之一。那么,如何来分析酒店在市场竞争中所处的地位,从而制定出合理的价格呢?我们在项目一中曾阐述了分析酒店市场竞争状况的几个重要指标,如市场份额、市场渗透指数、平均房价指数 和每间可供出租客房收入指数等,酒店通过对上述指标的分析,便可以清楚地了解包括价格在内的各项市场指标完成情况,以及酒店在竞争市场中所处的地位从而更好地制定客房价格。

总体来看,在酒店的收益管理中,客房定价方法的核心是利用好"时间差异"与"顾客差异"两大关键因素,以市场需求为中心,将同一产品依据市场需求的变化以不同的价格出售给顾客或细分市场,从而实现收入最大化的一种定价方法。其最大特点,从结果上看,其客房价格是随着市场需求的变化而变化的,而不是单一、固定不变的。

传统的
酒店客房
定价方法

任务二 动态定价

一、动态定价的概念

动态定价是指企业根据市场需求的变化和自身产品的供应能力,以不同的价格将同一产品适时地销售给不同消费者,以实现收益最大化的策略。在酒店行业中,也就是将相同客房产品在不同的时段以不同的价格出售给同一顾客或细分市场的行为。与传统的固定价格模式相比,动态定价是一种以市场需求和竞争为中心的定价模式,客房的价格是随着市场需求的变化而变化的,而不是单一、固定不变的,酒店通过价格来调节供需平衡并以此提高客房收入。

同步案例

图 4-5 为 2020 年 4 月通过携程网搜索到的三亚市一家酒店的客房价格情况。可以发现，同样一间客房在不同时间段的价格是不一样的。

图 4-5　三亚市某酒店客房动态价格

4 月的一个普通工作日，房间价格为 400 元；三亚是典型的旅游度假胜地，因此该房间在 7—9 月暑假的周末价格为 430 元；在国庆节长假期间，逐渐进入秋冬季，三亚地处南方，气候温暖，成为很多顾客心目中的理想度假地，市场需求增加，房间价格也上升到 680 元；2020 年的圣诞节正好是周五（第二天就是周末），全国进入低温的冬季，三亚自然成为避寒胜地，再加上圣诞节的影响，市场需求旺盛，因此房间价格也随之上涨到 730 元。我们可以很直观地认识到这家酒店是在根据市场需求的波动来实行动态定价策略的。

二、动态定价的作用

动态定价能够使酒店在市场需求波动期的客房收入最大化。如图 4-6 所示，采用动态定价，价格随市场需求的变动而变动，客房出租率曲线与客房价格曲线运动方向一致，同时起落，两条曲线几乎相互平行重叠。当市场需求旺盛时，顾客的购买力增强，如果此时客房价格随之提高，顾客依然有能力购买，便不会失去应得的收入；而当市场需求衰弱时，酒店推出较低的折扣价格吸引顾客入住，便可通过薄利多销的方式来获得更多的收入。这样，酒店能最大限度地利用每个机会，提高客房总体收益。

客房价格始终是随着市场需求的变化而动态变动，酒店通过价格的杠杆调节市场供需关系，客房价格和客房出租率可以保持在最佳的平衡状态，从而使每间可供出租客房收入最大化，酒店客房在每个市场波动时期都获得应得的收入，避免了单一、固定价

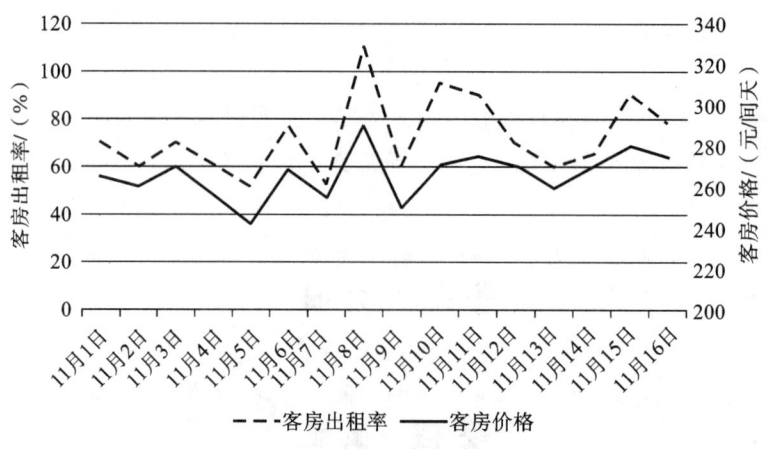

图 4-6　市场需求与动态价格关系

格的缺陷。动态定价的出现,促使现代酒店业在客房定价思维和方法上发生着一系列的转变:客房定价思维由"基于产品"定价变为"基于市场"定价,由固定价格转为动态价格。从理论上讲,酒店动态定价执行的理想状态是价格曲线与市场需求曲线运动方向一致,同时起落。当然,在实际工作中,市场需求曲线与价格曲线百分之百吻合是不可能的,因为影响市场变动的因素太多,难以全面准确地把握。但是,酒店收益管理者能做到的是提高分析预测能力,尽量减少两者之间的偏差。

 同步案例

酒店为何需要执行动态定价?

酒店为何需要执行动态定价?作为酒店收益经理的小 Q 带着这个问题找到了酒店总经理,总经理并没有直接给予小 Q 答复,而是发给了小 Q 一张客房经营数据图(图 4-7),并请小 Q 对图中每个周一的客房收入情况进行分析。

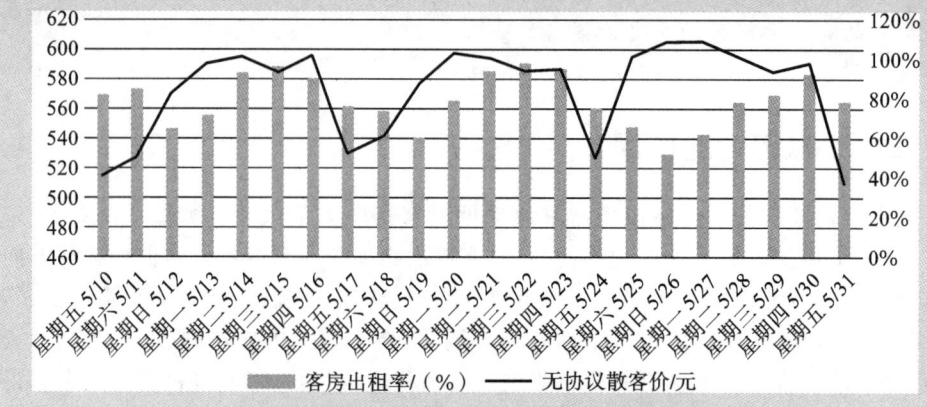

图 4-7　5 月 10 日至 5 月 31 日酒店经营数据
(资料来源:"壹蹴云全收入流整合分析系统")

图 4-7 是酒店 5 月 10 日至 5 月 31 日无协议散客细分市场的经营数据图,其中一共有 3 个星期一,分别是 5 月 13 日、5 月 20 日和 5 月 27 日。小 Q 所在酒店共计 100 间客房,为了方便对比,小 Q 将这 3 个星期一的经营情况汇总在一张表格中,如表 4-4 所示。

表 4-4 3 个星期一的经营情况

日期	卖出房间数/间	平均价格/元	总收入/元	空置房间数/间
5 月 13 日	72	570	41040	28
5 月 20 日	82	590	48380	18
5 月 27 日	56	605	33880	44

那么在这三天中,哪一天酒店客房经营的效果最好?哪一天的经营效果最差呢?

分析:很明显是 5 月 20 日这一天客房经营的效果最好,那么为什么 5 月 20 日的经营效果最好呢?因为那一天是"520",从酒店经营的角度讲,"520"意味着市场需求的增长,所以酒店在这一天卖出了 82 间客房,并且与 5 月 13 日的房间价格相比酒店也适当地上调了价格,比较好地实现了价格跟随市场需求波动的动态定价理念。最终,酒店在这一天表现出了销售量高、价格高、空置房间数少的良好经营效果,客房收入达到这三天最高。

那么在这三天中,哪一天的经营效果最差呢?从客房收入上看是 5 月 27 日,这一天只卖出了 56 间客房,但最后的客房平均价格则高达 605 元,比 5 月 20 日的价格还要高,说明酒店在市场需求没有增长或者相对平淡的时候,反而执行了一个较高的价格,而高价格可能会进一步抑制市场的需求,最终就有可能会出现"有价无市"的局面,从结果上来看,5 月 27 日这一天虽然房价高,但销售量低,酒店有大量的房间空置没有被卖出,最终的客房总收入也较低,其主要原因就是因为客房价格没有跟随市场的需求而波动。

小 Q 带着分析的结论找到了总经理。总经理说道:执行动态定价能够帮助酒店在经营中既避免需求衰弱期价格偏高导致大量客房空置而遭受损失的情况出现,又避免需求旺盛期价格偏低导致客房过早售卖一空而失去潜在收益的情况出现。简单来讲,动态定价能够使酒店在每个市场需求波动期的客房收入最大化。

知识链接

高铁的动态定价

作为中国新时代的"名片",高铁近些年呈现了蓬勃发展的势头,目前我国的高铁技术在全世界处于领先的位置。截至 2019 年底,我国高铁运营总里程已超过 3.5 万公里,居世界第一。高铁为老百姓出行带来便利,为区域经济发展增添动力,为国家的发展做出了极大的贡献,在巨额的运营支出面前,仅车票收入是入不敷出的。国家铁路集团 2020 年上半年的财报数据显示,2020 年前两个季度,国铁集团分别亏损约 613 亿元和 342 亿元。

自从高铁开始运营之后,票价基本都稳定在一个水平之上,但是目前高铁票价似乎有所"松动",改用"动态票价"。主要根据客流情况及季节、时段、座位、路段等,建立灵活的定价机制。这意味着,高铁今后的票价将不是固定的,而是实施灵活折扣、有升有降的市场化浮动票价机制,固定票价已经成为过去。例如,在"12306"网站上查询北京到上海的高铁,同一车次在不同时期的价格是有区别的,2022 年 3 月 31 日 G105 车次的一等座和二等座价格分别是 930 元和 553 元(图 4-8),而 2022 年 4 月 3 日这趟车的一等座和二等座价格分别是 969 元和 576 元(图 4-9)。为什么会这样呢?3 月 31 日是星期四,4 月 3 日是星期日,而且是清明节假期第一天,出行的人多了,票价当然就涨上去了。

车次	出发站 到达站	出发时间▲ 到达时间▼	历时	商务座 特等座	一等座	二等座 二等包座
G105 复	北京南 上海虹桥	07:17 13:03	05:46 当日到达	5	有	有
				¥1873.0	¥930.0	¥553.0

图 4-8 2022 年 3 月 31 日周四"北京南—上海虹桥"G105 车次售票价格

车次	出发站 到达站	出发时间▲ 到达时间▼	历时	商务座 特等座	一等座	二等座 二等包座
G103 复	北京南 上海虹桥	06:20 11:58	05:38 当日到达	7	有	有
				¥1873.0	¥969.0	¥576.0

图 4-9 2022 年 4 月 3 日周日"北京南—上海虹桥"G105 车次售票价格

任务三 最佳可用房价

一、最佳可用房价的概念

在酒店收益管理中,我们将动态定价中的"价"称为最佳可用房价(best available rate,简称 BAR)。

首先,理论上而言,最佳可用房价是指在某个时间段内能够使客房收入最大化的客房价格。如表 4-5 所示,假设某酒店有 100 间同类型客房,如果销售价格为 500 元/间天时,当天能卖出 50 间,获得的客房收入为 25000 元,则此时客房收入最大化时的客房价格 500 元/间天就是我们要寻找的最佳可用房价 BAR。

表 4-5　某酒店经营明细

客房价格/(元/间天)	客房销量/间	客房收入/元
600	40	24000
400	60	24000
500	50	25000

其次,在酒店经营中,通常将顾客在没有使用任何合同(条件)的情况下,通过任何一个公开渠道购买酒店客房时所获得的价格,称为最佳可用房价。以 BAR 的价格购买客房的顾客常为通过公开渠道预订且没有合同价的散客,这些顾客往往来自非协议散客这个细分市场。

再次,依照经济学理论,在任何一个特定的时段内,不同的客房价格对应不同的市场需求。当 ADR 发生变化时,OCC 也将随之发生改变。所以,在三者组成的函数曲线中,在每一个 RevPAR 最大值的对应点上,都会有一个 ADR 和 OCC 与之相对应,而这一点上的 ADR 正是 BAR。也就是说,当 RevPAR 最大值时的平均房价即为最佳可用房价。

最后,对于最佳可用房价的理解,还需要注意以下方面。

酒店在经营中需要注意 BAR 在各个公开渠道的"价格一致性"问题,这也是最重要的一点。随着互联网时代的到来,酒店前台卖价、OTA 平台、酒店中央预订系统(CRS)、酒店官方网站、酒店官方微信小程序等都是顾客可以选择购买酒店产品的公开渠道。如果各渠道投放的价格不一致,很有可能就会给酒店的经营造成困难。例如,酒店前台卖价为 400 元,而在 OTA 平台投放的价格为 388 元,那么就很有可能会出现顾客在前台确认有房间后,却选择从 OTA 平台下单的情况,进而导致本来属于酒店直销渠道的顾客,却由于定价的原因转而投向了分销渠道的 OTA 平台;本来卖价 400 元的客房,现在只能以 388 元卖出,并且还要向 OTA 平台支付一定比例的佣金,致使客房的盈利能力下降。因此,保证各公开渠道价格的一致性是非常重要且有价值的工作。

需要注意的是,BAR 实际上是酒店线上线下最容易获取的最低公开价。在前面的例子中,虽然酒店制定的前台卖价为 400 元,但酒店实际上的 BAR 并不等于 400 元,而应是 OTA 平台上的 388 元。因此,顾客根据各种公开渠道查询到的最低价格才是酒店真正意义上的 BAR。

BAR 是没有任何限制条件下的价格,任何顾客以 BAR 的价格都能够在公开市场上顺利购买到酒店的客房。因此,从市场细分的角度讲,以 BAR 价格入住酒店的客源市场是酒店潜在收益最大的一个细分市场。所有酒店都会希望自己能够达到全部顾客都以 BAR 的价格入住的理想状态。

BAR 是动态的,会根据预测的需求水平和市场情况而变化,它是市场供需平衡下的最高价格,即我们所提到的动态定价。

二、最佳可用房价的制定

在酒店收益管理工作实践中,我们需要通过对价格进行优化来确定在不同时段(或时期)内的 BAR,从而用来制定客房产品的价格体系。通常可采用两种方式,即人工优化和软件系统优化方式。人工优化是由酒店管理人员通过对价格的敏感度分析和竞争市场分析,制定出 BAR 的方法;软件系统优化则是利用植入计算机收益管理软件内部的数学模型,对抓取到的酒店历史数据和外部市场数据进行计算,从而来确定 BAR 的一种方法。总的来说,确定最佳可用房价是一项系统性工作,需要以经济学理论为基础,从需求函数出发,并通过需求的价格弹性分析、历史经营数据、市场需求预测、竞争因素等方面来制定最佳可用房价。

(一)客房产品的需求函数

在经济学中,把需求量与影响需求量的所有因素之间的关系用一种数学公式来表达,这一数学表达式被称为需求函数,即

$$Q = f(X_1, X_2, \cdots, X_i)$$

式中,需求量 Q 是因变量,影响因素 X_i 是自变量。在市场运行中,影响需求量的因素较多,除产品价格以外,诸如社会政治、经济、文化等宏观因素以及人口统计指标、消费者的行为、消费者的收入水平、替代品价格、竞争者的产品价格以及交通、天气等,都对需求量产生着影响。在酒店价格优化中,首先应分析顾客对某一客房产品的需求情况随着该产品价格的变动而发生变化的轨迹,找到两者之间存在的相关性,最终确立需求量与价格之间所形成的需求函数模型。只有确立了客房产品的需求函数模型,才能运用数学法则来确定产生收入最大的价格点即最佳可用房价。

(二)酒店历史经营数据

在酒店实际运营中,每家酒店在经营上都有着自己的独特性,因此酒店的历史数据也是我们在制定最佳可用房价时常常需要考虑的因素。

同步案例

某酒店历年 8 月的经营情况如表 4-6,根据表中的经营情况可以绘制出该酒店客房收入与房间价格的函数曲线(表 4-6、图 4-10)。在图中我们可以明显地看到,酒店在以往 8 月的经营中,客房价格在 300~350 元的上涨区间中,客房的总体收入是在不断上升的;但在客房价格超过 350 元后,客房的销售量大幅下降,导致客房收入直线下降。因此,按照历史经营数据,8 月的最佳可用房价可考虑定在 350 元左右。

表 4-6　某酒店历年 8 月的经营情况

客房销售量/间	客房出租率/(%)	客房销售价格/(元/间天)	客房收入/元
3100	50	400	1240000
3720	60	385	1432200
4650	75	370	1720500
5580	90	350	1953000
5766	93	335	1931610
5890	95	320	1884800
6076	98	310	1883560
6200	100	300	1860000

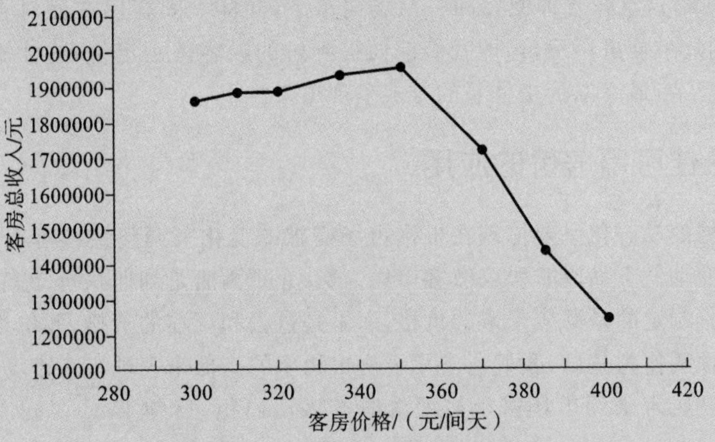

图 4-10　某酒店客房收入与客房价格曲线

当然,在参考历史经营数据的时候,我们还需要特别注意,剔除以往数据中的"异常值"。例如,2008 年奥运会 8 月份在我国举办,受奥运会的影响,北京、上海等赛事举办地当月的酒店房间价格远远高于正常水平值,这一时期的房间价格不符合正常情况下市场需求的表现,在参考时应予以剔除或进行修正。

(三)市场需求预测

最佳可用房价会根据市场需求的波动而波动,因此,准确的市场需求预测是最佳可用房价制定的基础。如果需求预测出现重大错误,那么依据需求水平制定的最佳可用房价也必定会导致酒店经营的失败。有关市场需求预测的部分,将在项目五中具体探讨。

(四)竞争因素

任何企业都处在竞争环境中,在酒店收益管理的理念中,价格并不仅仅是产品价值的体现,还应是获取竞争优势的一种工具。在制定最佳可用房价时,应该充分考虑酒店在竞争群中所处的竞争位置,以及竞争对手的价格情况。图 4-11 显示的就是酒店收益管理系统中的价格监测功能,系统会实时地抓取 OTA 平台上竞争对手酒店的价格,并记录竞争对手每日价格的波动情况,这能让酒店更为精准地制定自己的最佳可用房价。

在获得竞争对手价格的基础之上,我们就可以像项目二中提到的那样,对整个竞争群的价格表现进行分析,并且评估自身的竞争位置,以便于更好地制定下一步的定价策略。

总体来讲,酒店最佳可用房价的制定是一项重要而复杂的工作。在酒店的实际运营中,应多方面综合考虑,运用定量与定性等多种分析方法确认最终的客房价格。除以上几个方面之外,实际的定价过程中还需要考虑产品、消费者行为、宏观经济政治环境等方面的因素。在收益管理的实践中,酒店还会针对不同的细分市场对不同的产品设置不同的 BAR,这意味着即便在同一市场需求下,同样一间客房在面对不同细分市场时,执行不同的最佳可用房价,即我们前面提到过的顾客差别定价,这让酒店的产品价格结构越发复杂,最终以价格体系的方式呈现出来。

三、最佳可用房价的应用

客房价格的动态化主要体现在根据市场需求的变化来调整最佳可用房价,进而系列价格产生变动。下面以非协议散客市场为例,介绍酒店是如何执行动态定价的。

动态定价制定的是酒店未来的价格,而不是过去和现在的价格,此价格需要以未来市场需求的预测作为基础,我们通常用客房出租率的高低来表现未来市场需求的大小。现在假设某酒店未来的市场需求按照淡旺季客房出租率(OCC)一共分为小于 50%、50%~69%、70%~85%、大于 85% 共 4 个级别。在酒店的实际运营中我们可以在 BAR 的基础之上设置一个"增值价",也就是在客房产品基础之上提供早餐、游泳体验、下午茶等增值项目。假设这个增值价的价差为 30 元,酒店可以根据消费者的需求,灵活地选择是否添加增值项目,以及添加哪些增值项目。

另外,在 BAR 的基础上,我们再分别设置一个小折扣和一个大折扣的价格,但享受折扣价是需要满足一些限制性条件的。在酒店收益管理实践中,我们往往会针对不同细分市场顾客的特征采用不同的限制条件,常见的限制条件包含提前预订、停留时长、提前付款、预订不可取消或限时取消、购买数量等方面。

同步案例

> 图 4-12 中可以看到某酒店同一个客房产品在不同限制条件下的多种价格,分别对应了不同的限制条件。请同学们仔细观察,看看这家酒店到底采用了哪些限制条件。

对手酒店	周五 12/25	周六 12/26	周日 12/27	周一 12/28	周二 12/29	周三 12/30	周四 12/31	周五 1/1	周六 1/2	周日 1/3	周一 1/4	周二 1/5	周三 1/6	周四 1/7
竞争酒店 A	465	465	465	465	465	465	518	518	465	498	498	498	518	518
竞争酒店 B	452	398	396	424	425	425	375	375	370	370	489	489	489	489
竞争酒店 C	397	397	410	410	410	410	418	418	399	399	418	418	418	418
竞争酒店 D	满房	满房	满房	满房	满房	满房	满房	满房	满房	满房	满房	满房	满房	满房
竞争酒店 E	753	568	518	499	499	499	499	518	518	518	536	536	536	536
竞争酒店 F	637	623	623	630	630	630	649	630	623	616	649	649	649	649

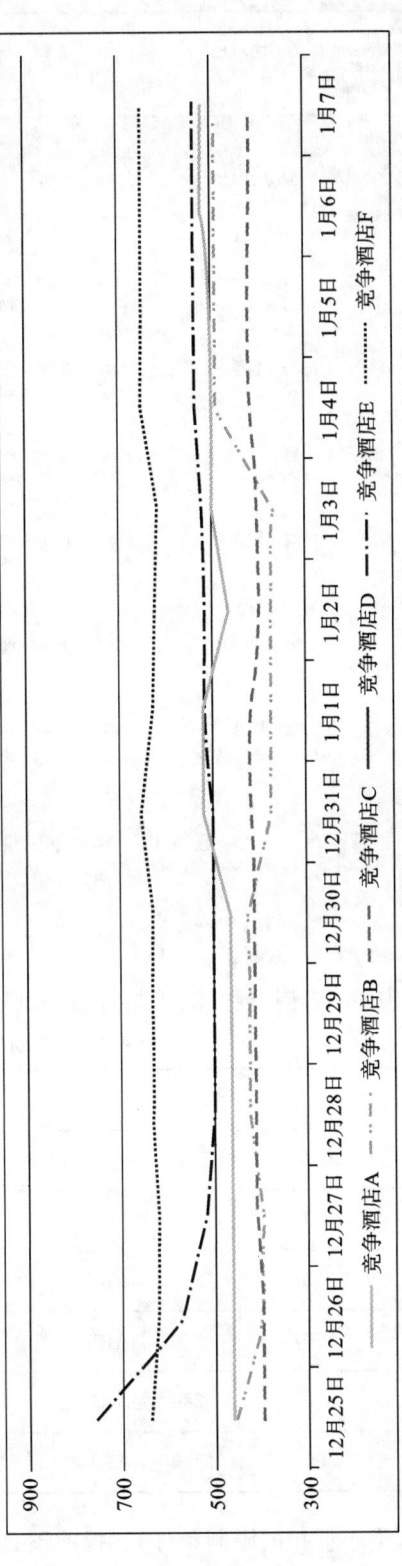

图 4-11　某酒店客房收入与客房价格曲线
（数据来源："壹飑云全收入流程整合分析系统"）

图 4-12　客房不同价格的限制条件

(图片来源:携程网)

我们以表 4-7 为例,展开酒店制定最佳可用房价的学习。

表 4-7　动态价格结构表

需求	灵活		限制	
	增值	BAR/元	小折扣/元	大折扣/元
	＋30	X	－10％	－20％
＜50％	230	200　BAR4	180	160
50％～70％	270	240　BAR3	216	192
71％～85％	310	280　BAR2	252	224
＞85％	350	320　BAR1	288	256

首先,假设小折扣的限制条件是"提前预订",而大折扣的限制条件是"提前预订＋提前付款"。

其次，制定折扣价与 BAR 之间的逻辑关系，假设此酒店的"提前预订"价是在 BAR 的基础上打 9 折，"提前预订＋提前付款"价是在 BAR 的基础上打 8 折。

最后，根据市场需求波动等制定出各种情况下相对应的 BAR，而各种需求情况下 BAR 之间的价差，我们既可以用固定差值设定也可以用比例差值设定。假设我们在这里采用固定差值法，级差 40 元，现在我们假设客房出租率大于 85％时 BAR1 为 320 元，那么客房出租率 70％～85％时 BAR2 为 280 元，客房出租率 50％～69％时 BAR3 为 240 元，客房出租率小于 50％时 BAR4 为 200 元。在得出各种需求情况下的 BAR 后，我们可以依据之前设定的规则很快地计算出这个表格中的其他价格。例如，在客房出租率小于 50％时的客房增值价为 230 元（BAR4＋30 元），"提前预订"价为 180 元（BAR4×0.9），而"提前预订＋提前付款"价为 160 元（BAR4×0.8）。

在整个动态定价设定的过程中，我们并没有针对每种不同的情况去定价，我们仅仅只需要根据市场需求制定出每种情况下的 BAR，即设定好 BAR1 到 BAR4 的值，然后设定每种情况下其他价格与 BAR 之间的逻辑关系即可。在上面的案例中我们制定了客房出租率大于 85％时的 BAR1 为 320 元，然后制定各级 BAR 之间的逻辑关系，就得到了 BAR2、BAR3 和 BAR4 的价格，在设定好增值价、折扣价与 BAR 之间的逻辑关系后，就得到了整个动态价格表。因此，最佳可用房价 BAR 是酒店整个价格体系的核心，酒店所有其他价格都是与 BAR 有一定逻辑关系的衍生价格。但需要注意的是，一般情况下，对客房产品制定的 BAR 增值或折扣价格数量不宜过多，以 3～5 个为宜，如果数量过多，不仅增加了管理的难度，而且还会降低顾客的认同感。

在市场需求发生变化时，以往的酒店往往需要临时做出决策，到底要不要调价？这类问题往往会困扰经营管理者们，使他们难以做出准确的判断和决策。但如果酒店按照收益管理的框架体系做好动态价格的设定后，这些问题都将不再会是问题。在实际经营中，酒店可以参照表格中的价格，根据不同的市场需求情况进行精准投放。

表 4-8 所示的是酒店收益管理系统中每天价格投放情况，酒店每一天的经营情况用一个单元格表示。该酒店使用固定差值法，按照级差 50 元设定 BAR1 到 BAR4 的值。客房出租率＞80％时 BAR1 为 550 元，客房出租率为 61％～80％时 BAR2 为 500 元，客房出租率为 40％～60％时 BAR3 为 450 元，客房出租率＜40％时 BAR4 为 400 元。可以看到酒店向市场每天投放的 BAR 并不相同，BAR 是随着客房出租率的变化而变化的。在客房出租率为 100％时，酒店向市场投放了 BAR1，价格为 550 元，最高价；而在客房出租率为 29.41％的时候投放 BAR4，价格为 400 元。

值得注意的是，酒店通常是根据未来市场需求水平的预测情况，预估未来某一时期的客房出租率，并根据预估的出租率投放对应的最佳可用房价。在酒店收益管理系统中，"价格日历"是通过市场需求预测获得未来客房出租率或订房量预测数据，并将每日市场需求的高低和销售价格以日历形式表现出来的一种价格与市场需求的组合界面。因此，通过收益管理系统的这个功能，我们既能够系统而直观地把握未来的市场需求与酒店价格制定的情况，也能够查询到以往酒店每天投放最佳可用房价的历史数据。

酒店收益管理

表 4-8 2020 年 10 月酒店客房动态价格日历

周一	周二	周三	周四	周五	周六	周日
9月28日 最佳可用房价：400 平均房价：431.76 出租率：28.63% 售出客房数：73	9月29日 最佳可用房价：400 平均房价：386.05 出租率：18.43% 售出客房数：47	9月30日 最佳可用房价：400 平均房价：526.01 出租率：26.67% 售出客房数：68	10月1日 最佳可用房价：400 平均房价：503.28 出租率：29.41% 售出客房数：75	10月2日 最佳可用房价：500 平均房价：549.29 出租率：75.29% 售出客房数：192	10月3日 最佳可用房价：550 平均房价：601.61 出租率：88.43% 售出客房数：225.5	10月4日 最佳可用房价：550 平均房价：622.15 出租率：100.2% 售出客房数：255.5
10月5日 最佳可用房价：550 平均房价：548.37 出租率：87.45% 售出客房数：223	10月6日 最佳可用房价：450 平均房价：499.24 出租率：43.92% 售出客房数：112	10月7日 最佳可用房价：400 平均房价：532.82 出租率：29.02% 售出客房数：74	10月8日 最佳可用房价：400 平均房价：427.47 出租率：18.63% 售出客房数：47.5	10月9日 最佳可用房价：400 平均房价：394.22 出租率：33.33% 售出客房数：85	10月10日 最佳可用房价：450 平均房价：386.07 出租率：56.86% 售出客房数：145	10月11日 最佳可用房价：450 平均房价：391.56 出租率：54.51% 售出客房数：139
10月12日 最佳可用房价：500 平均房价：385.55 出租率：64.31% 售出客房数：164	10月13日 最佳可用房价：500 平均房价：395.36 出租率：61.57% 售出客房数：157	10月14日 最佳可用房价：550 平均房价：386.36 出租率：87.45% 售出客房数：223	10月15日 最佳可用房价：500 平均房价：402.57 出租率：72.75% 售出客房数：185.5	10月16日 最佳可用房价：450 平均房价：445.51 出租率：58.82% 售出客房数：150	10月17日 最佳可用房价：500 平均房价：455.84 出租率：60.2% 售出客房数：153.5	10月18日 最佳可用房价：400 平均房价：416.41 出租率：30.2% 售出客房数：77
10月19日 最佳可用房价：400 平均房价：388.5 出租率：37.45% 售出客房数：95.5	10月20日 最佳可用房价：450 平均房价：424.77 出租率：46.08% 售出客房数：117.5	10月21日 最佳可用房价：550 平均房价：455.25 出租率：97.65% 售出客房数：249	10月22日 最佳可用房价：550 平均房价：454.21 出租率：98.43% 售出客房数：251	10月23日 最佳可用房价：550 平均房价：494.83 出租率：89.22% 售出客房数：227.5	10月24日 最佳可用房价：450 平均房价：492.34 出租率：46.47% 售出客房数：118.5	10月25日 最佳可用房价：400 平均房价：476.49 出租率：28.63% 售出客房数：73

续表

周一	周二	周三	周四	周五	周六	周日
10月26日 最佳可用房价:400 平均房价:386.07 出租率:34.51% 售出客房数:88	10月27日 最佳可用房价:450 平均房价:443.7 出租率:54.51% 售出客房数:139	10月28日 最佳可用房价:450 平均房价:444.94 出租率:54.51% 售出客房数:139	10月29日 最佳可用房价:450 平均房价:431.26 出租率:55.29% 售出客房数:140	10月30日 最佳可用房价:450 平均房价:447.87 出租率:48.82% 售出客房数:124	10月31日 最佳可用房价:400 平均房价:458.09 出租率:38.63% 售出客房数:98	11月1日 最佳可用房价:400 平均房价:565.69 出租率:10.98% 售出客房数:27

（数据来源：根据"壹蹴云全收入流整合分析系统"报表编制）

在收益管理系统中"价格日历"不仅能显示未来市场需求的预测情况和动态价格执行情况，还能够直观地看到过去酒店每一天的实际经营数据。酒店收益经理可以根据过去实际的经营情况进行总结分析，并及时关注和收集未来将要发生并对酒店客源产生影响的市场事件，包括相关经济政策、各类会议、展会、体育赛事、大型演出、特殊的天气情况以及竞争对手营销策略和价格的变化等。进一步修正和提高BAR价格与酒店市场需求的匹配度，从而良好地实现动态定价。

微课

最佳可用房价的制定

任务四　酒店客房价格体系的建立

酒店客房价格体系是指酒店不同类型的客房产品或同一类型的客房产品之间价格相互关系的有机整体，这些价格既有差别，又相互关联，体现着不同价格之间相互联系和相互制约的内在关系。对顾客而言，如果认为某酒店的价格体系存在着不合理性，就会失去公平感，从而产生放弃购买该酒店产品的念头。因此，酒店实施动态定价对客房价格体系构建的合理与否至关重要。

 同步思考

假设你现在是一家酒店的管理人员，面对如下问题：下个星期一酒店的客房出租率的预测值大概为83%，那么下个星期一酒店的豪华单人间，这个客房产品，针对商务协议市场顾客的最佳可用房价会是多少？

一、基于细分市场的基础价格体系

通过差别定价法，我们认识到同样的产品，酒店会针对不同的细分市场制定不同的

分析提示

价格。因此在酒店收益管理中,客房产品的定价是与细分市场的体系相互匹配的,酒店会根据各个细分市场的特性有针对性地制定价格,每个细分市场都对应着相应的价格类型。因此,价格体系合理的前提是市场细分体系要合理。按前文所述,根据顾客行为方式的差异性,一般可分为散客、团队和其他三大类细分市场和若干个细分子市场。下面主要介绍散客市场和团队市场的客房定价。

(一)散客市场

按照有无合同、执行动态或固定价格的方法,将散客市场分为非协议散客、商务协议散客以及代理商/批发商散客3个二级市场。

1. 非协议散客市场

在非协议散客市场中,有最佳可用房价、折扣促销、套餐包价等细分市场。这些细分市场的价格在性质上是一致的,我们把它们统称为公开市场价格。其中,最佳可用房价市场对应的价格为BAR,而折扣促销与套餐包价市场对应的价格则是在BAR基础之上设定了限制条件的衍生价格。另外,在非协议散客市场中还有一类,我们称为非公开市场价格,此类价格是不能在公开市场上轻易获得、有一定限制条件的价格,这些限制条件往往与酒店内部的管理和运营相关,常见的非公开市场价格有员工价、同行价、会员价、管理层特价等。

2. 商务协议散客市场

商务协议散客市场主要有政府协议散客和公司协议散客两个细分市场,因此,在制定价格时也会有相对应的政府协议散客价与公司协议散客价。商务协议散客市场的价格往往通过合同进行约定,有固定价格和动态价格两种形式:动态价格是指签订一个与BAR联动的协议价,例如我们将协议价定为BAR的8折,那么协议价将会跟随着BAR波动;固定价格就是在合同中约定一个具体的价格,作为合同期内的执行价格。

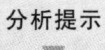

同步思考

如果你代表某酒店在与顾客签订下一个年度订房价格时,希望签订动态价格合同还是固定价格合同?

3. 代理商/批发商协议散客市场

对于代理商/批发商协议散客市场,酒店常见的合作对象主要是旅行社与批发商,根据合作对象的不同,也会分别制定旅行社散客价与批发商价。除此以外,还有一类长住顾客,这类顾客往往以自然人的方式与酒店签订房间价格合同。一般来讲,"长住"是以入住的时长为标准的。行业中一般认为连续入住不少于15天时,就可以考虑与这位顾客签订长住价格。

(二)团队市场

在团队市场中,我们将其主要分成了商务团、旅游团和机组3个二级市场。

1. 商务团市场

在商务团中,按照有无会议的细分市场划分原则,酒店行业往往将公司会议、奖励旅游、协议会议、展览会议/交易会等类型的客户统称为 MICE 市场。这类市场通常是指在酒店有会、有房、有餐的商务团队,因此,MICE 市场的规模及其所带来收入的多少往往成为体现酒店商务业务能力的一个重要标志。一般情况下,对于定位为高端商务型的酒店而言,MICE 市场在酒店整体收入中的贡献占比是较大的,否则就可能表明这家酒店的实际运营情况与其市场商务型的市场定位不太相符。当然,商务团市场中间除了 MICE 市场外,酒店还可能会有只需要客房的纯房团以及政府团等市场,面对这些市场,酒店往往也会有针对性地制定相应的客房价格。

2. 旅游团市场

对于旅游团市场,并非所有旅游团的客房价格都是一致的。酒店往往会以是否能为酒店持续提供稳定收益为标准,将旅游团划分成为系列旅游团和非系列旅游团。通常需要根据团队的性质,以"单团单议价"的准则制定价格,例如客房的数量、入住时间的长短、综合能力的高低、与酒店的合作关系是否稳固等因素,因此没有固定的价格种类。一般来讲,非系列旅游团的客房价格要高于系列旅游团的客房价格。

3. 机组

航空公司市场也是酒店经营中经常会遇到的。误机团指的是因受飞机延误影响,由航空公司统一安排入住酒店的乘客,这类团队往往是临时性的,且入住的时间很短,房费由航空公司承担,因此价格往往较低。机组团指的是入住酒店的航空公司的空乘工作人员,这类团队房间需求量比较稳定可控,入住时间上也很规律,因此房间的价格也较低。

各细分市场相应的价格共同组成了酒店客房的基础价格体系,如表 4-9 所示。

表 4-9 酒店客房价格体系实例

市场大类	细分市场	价格名称
散客	公开市场	最佳可用房价
		套餐包价
		折扣价
	商务公司	公司协议价
		政府协议价
	非公开市场	会员价
		同行价
		长住价
	批发商/代理商	旅行社散客价
		批发商价

续表

市场大类	细分市场		价格名称
团队	商务团	会议会展	公司会议价
			奖励会议价
			协议会议价
			交易会、展览会会议价
		纯房团	纯房团价
		政府团	政府会议价
	旅游团		系列团价
			非系列团价
	机组		误机团价
			机组价
其他	其他		自用房
			免费房

二、基于最佳可用房价的客房价格体系

BAR即最佳可用房价，作为优化后的价格，通常表现为制定酒店客房价格体系的标准价格，也是客房价格体系中的基础价格，代表着客房价格水平的高低，对保持价格体系完整性起着基础保障作用。从理论上讲，无论散客价格还是团体价格，都是在BAR的基础上衍生出来的。既体现了价格的动态化，又满足了市场需求的变化，加上同一类型客房产品之间价格存在的相关性，体现出价格体系的完整性和适用性，便于被顾客所认同。通常，酒店会将公共价格作为BAR基础价格的衡量标准，其价格之间以BAR为基础相互关联和制约，不会独立存在，每一不同的价格都会有相应的代码，以方便区分和管理。

同时，酒店不仅需要根据市场和酒店的实际经营情况，通过价格的优化来建立完整的客房价格体系，还应保证该价格体系在各个销售渠道上的一致性，无论是酒店直销渠道还是分销渠道（如OTA平台等）。由于销售渠道是直接面向市场和顾客的，如果酒店在销售渠道上的价格不能与酒店价格体系的价格保持一致，将会有损于酒店不同类型客房产品或各个细分市场之间价格关系，甚至出现价格矛盾，最终会导致顾客的不满而放弃购买。目前，最佳可用房价体系已逐渐被多数酒店所采用，成为酒店实施收益管理策略的基础保障。

酒店BAR价格体系总表示例如表4-10所示。

表 4-10 酒店 BAR 价格体系总表实例

客房类型	细分市场			价格代码	BAR/元	执行时间	价格说明
单人房	门市价格 588 元			RRS		5月	不可变化
	散客	酒店会员	金卡会员	VS1	388	第一周	可随 W1 变化而变化
			银卡会员	VS2	408	第一周	可随 W1 变化而变化
			普通会员	VS3	419	第一周	可随 W1 变化而变化
		官网/OTA商旅散客		ET1	429	第一周	可随 W1 变化而变化
		公司协议散客		CT1	403	第一周	可随 W1 变化而变化
		非预订散客		W1	531	第一周	可随 W1 变化而变化
标准大床房	门市价格 1018 元			RRD		5月	不可变化
	散客	酒店会员	金卡会员	VD1	667	第一周	可随 W2 变化而变化
			银卡会员	VD2	703	第一周	可随 W2 变化而变化
			普通会员	VD3	721	第一周	可随 W2 变化而变化
		官网/OTA商旅散客		ET2	738	第一周	可随 W2 变化而变化
		公司协议散客		CT2	694	第一周	可随 W2 变化而变化
		非预订散客		W2	919	第一周	可随 W2 变化而变化
	团队	公司会议团队		CG1	604	第一周	不可变化
		旅行社团队		TG1	514	第一周	不可变化
标准双床房	门市价格 1028 元			RRT		5月	不可变化
	散客	酒店会员	金卡会员	VT1	674	第一周	可随 W3 变化而变化
			银卡会员	VT2	710	第一周	可随 W3 变化而变化
			普通会员	VT3	728	第一周	可随 W3 变化而变化
		官网/OTA商旅散客		ET3	746	第一周	可随 W3 变化而变化
		公司协议散客		CT3	701	第一周	可随 W3 变化而变化
		非预订散客		W3	928	第一周	可随 W3 变化而变化
	团队	公司会议团队		CG2	610	第一周	不可变化
		旅行社团队		TG2	519	第一周	不可变化

续表

客房类型	细分市场			价格代码	BAR/元	执行时间	价格说明
豪华行政房	门市价格1698元			RRE1		5月	不可变化
	散客	酒店会员	金卡会员	VE1	1107	第一周	可随W4变化而变化
			银卡会员	VE2	1168	第一周	可随W4变化而变化
			普通会员	VE3	1198	第一周	可随W4变化而变化
		官网/OTA商旅散客		ET4	1228	第一周	可随W4变化而变化
		公司协议散客		CT4	1153	第一周	可随W4变化而变化
		非预订散客		W4	1530	第一周	可随W4变化而变化
	团队	公司会议团队		CG3	1002	第一周	不可变化
		旅行社团队		TG3	851	第一周	不可变化
豪华行政套房	门市价格2788元			RRE1		5月	不可变化
	散客	酒店会员	金卡会员	VR1	1814	第一周	可随W5变化而变化
			银卡会员	VR2	1913	第一周	可随W5变化而变化
			普通会员	VR3	1953	第一周	可随W5变化而变化
		官网/OTA商旅散客		ET5	2013	第一周	可随W5变化而变化
		公司协议散客		CT5	1888	第一周	可随W5变化而变化
		非预订散客		W5	2511	第一周	可随W5变化而变化
	团队	公司会议团队		CG4	1639	第一周	不可变化

注：表中仅列举了部分常用客房类型和细分市场。
（来源：祖长生，《饭店收益管理》，2021年）

 同步思考

　　制定酒店客房价格体系并不只是为了体现酒店产品在各种情况的售价，酒店的客房价格体系还反映了酒店的经营策略。下面请同学们对某酒店客房价格体系实例（表4-11）进行分析、思考：从该价格体系中可以发现酒店哪些经营思路和经营策略。

表 4-11　某酒店客房价格体系实例——价格库

价格大类	价格类别	价格代码	价格说明	使用规则	房型A价格	房型B价格
散客	门市价	B1	公开售价BAR	客房出租率大于85%		
		B2		客房出租率为61%～85%		
		B3		客房出租率为41%～60%		
		B4		客房出租率小于40%		
				（可根据酒店情况制定BAR和客房出租率规则）		
	会员价	M1B1	普卡,门市价9折	储值/累计消费大于1000元		
		M2B1	金卡,门市价8.5折	储值/累计消费大于3000元		
		M3B1	白金卡,门市价8折	储值/累计消费大于6000元		
		M4B1	钻石卡,门市价7.5折	储值/累计消费大于10000元		
	协议价	CO1	公司协议价,等于普卡	年产量50间夜以上		
		CO2	公司协议价,等于金卡	年产量100间夜以上		
		CO3	公司协议价,等于白金卡	年产量300间夜以上		
		CO4	公司协议价,等于钻石卡	年产量500间夜以上		
		RFP1	等于钻石卡	三类公司		
		RFP2	等于钻石卡减30元	二类公司		
		RFP3	等于钻石卡减50元	一类公司		
	OTA	OTA1	等于门市价B1	客房出租率大于85%		
		OTA2	等于门市价B2	客房出租率61%～85%		
		OTA3	等于门市价B3	客房出租率41%～60%		
		OTA4	等于门市价B4	客房出租率小于40%		
		OTA5	促销价,等于门市价7.5折	客房出租率低于20%,限量5间		

续表

价格大类	价格类别	价格代码	价格说明	使用规则	房型A价格	房型B价格
散客	官网	WEB1	门市价B1的9.5折	客房出租率大于85%		
		WEB2	门市价B2的9.5折	客房出租率61%~85%		
		WEB3	门市价B3的9.5折	客房出租率41%~60%		
		WEB4	门市价B4的9.5折	客房出租率小于40%		
	长住客	LSG1	等于白金卡	7~14间夜		
		LSG2	等于钻石卡	15~30间夜		
		LSG3	等于钻石卡减30元	30间夜以上		
		LSG4	等于钻石卡减50元	60间夜以上		
	政府协议价	GOV	等于白金卡	5间夜及以上可以成团,参考政府团		
	旅行社散客	WHL1	等于金卡	年产量10~50间		
		WHL2	等于白金卡	年产量50~300间		
		WHL3	等于钻石卡	年产量300间以上		
	包价	PAC1	根据套餐成本等情况制定	根据实际情况设置套餐,如含门票、SPA等		
		PAC2	根据套餐成本等情况制定	根据实际情况设置套餐,如含门票、SPA等		
		PAC3	根据套餐成本等情况制定	根据实际情况设置套餐,如含门票、SPA等		
团队	旅游团	TR1	等于白金卡	10~19间		
		TR2	等于钻石卡	20~40间		
		TR3	等于钻石卡减30元	40间以上		
	会议团	CMG1	等于钻石卡	10~49间		
		CMG2	等于钻石卡减30元	50~100间		
		CMG3	等于钻石卡减50元	100间以上		
	政府团	GPG1	等于钻石卡	5~19间		
		GPG2	等于钻石卡减30元	20~40间		
		GPG3	等于钻石卡减50元	40间以上		
其他	免费房	COMP	零房价	计入开房率统计		
	自用房	HSE	零房价	自用,不计入开房率统计		

备注:
1. 以上价格包含××%的税以及××%的服务费;
2. 以上价格不含早餐。如有早餐,额外收取××元/份;
3. 加床另外收费××元,不含早餐,如需早餐,额外收取××元/份;
4. 免费房需要总经理签字同意。

课程思政

某酒店暴雨夜涨价到 2888 元，灾难面前岂容坐地起价

某市遭遇罕见的特大暴雨灾害，不少人因此"有家不能回"。为了帮助他们，该市大部分酒店都未涨价，部分酒店甚至"暖心"降价帮助受灾群众渡过难关。但某酒店却趁机抬价至一间客房 2888 元一晚。而记者调查时发现，该酒店平日客房价格在 300 元左右，这显然是坐地起价。涉事酒店涨价行为被网友曝光后，引起舆论谴责，有网友斥责该酒店坐地起价，如此利用灾难牟利，毫无良心道德可言。

随后，该酒店主动道歉，并联系相关顾客全部退款。当地市场监管局及时开展了服务收费专项检查，认定其涉嫌利用不当手段，推动价格过快、过高上涨，并给予相应处罚。

酒店的价格会随市场需求而变动，需求量较大时，酒店会对客房价格进行上调无可厚非，但在此共克时艰之际，更需要的是守望相助、共渡难关。灾难对所有人来说都是考验，是商家道德、经营、公关意识的一道考题，即便商家有自己的营利考量，但像该酒店这样恶意哄抬价格，短期内也许能获得一些收入，但长远看对酒店形象乃至整个品牌声誉都会产生巨大的负面影响，弊远大于利。

因此，企业在顾及"显性收益"的同时，也不能忽略"隐性收益"的影响。关键时刻要承担社会责任，做到严格自律、依法经营，明码标价、规范经营，履行承诺、诚信经营。

根据以上材料，请同学们探讨酒店应如何合理使用动态定价策略。

项目小结　本项目主要介绍酒店客房的定价方法，尤其是如何实施动态定价、制定最佳可用房价和客房价格体系的建立。

项目训练

一、知识训练

1. 传统的酒店客房定价方法有哪些？
2. 酒店客房定价区间范围的制定依据是什么？
3. 什么是动态定价？酒店客房为何要实施动态定价？
4. 什么是最佳可用房价？如何制定最佳可用房价？
5. 如何构建酒店客房价格体系？

二、能力训练

1. 分组自选一家本地酒店，通过网络搜索、实地调研等方式收集信息，梳理该酒店

的客房价格体系,监测该酒店在各种渠道上的价格变化情况(时间周期最少一个月),分析其价格变化原因并总结其变化规律。

2.酒店客房动态定价是否有悖于市场公平交易原则?是否等同于"杀熟"?是否会让顾客感觉受到了不公平的对待,进而影响顾客满意度及忠诚度?请从顾客接受的角度分析并说明理由。

项目五
酒店市场需求预测

 项目描述

　　酒店收益管理是一项前瞻性的工作,是对未来风险的管理,需要做大量的分析预测工作。分析预测工作的目的是帮助酒店收益经理把握宏观与微观经济环境、市场供需情况的变化,以及竞争对手的举动,做到"知己知彼"。分析预测工作是否准确有效对能否有效优化酒店产品、价格、细分市场和销售渠道的组合,创造最大收益至关重要。

 项目目标

知识目标
1. 认知市场预测的定义,知晓市场预测的 5 个步骤。
2. 记忆收益管理市场预测的主要内容。
3. 理解酒店市场预测的 4 个方法。

能力目标
1. 能够按步骤进行酒店产品市场预测。
2. 能够理解市场预测的主要内容,分析酒店产品市场。
3. 能够运用市场预测的定性分析法和定量分析法来进行酒店市场预测。

思政目标
1. 培养学生的企业数字化运营思维。
2. 培养学生的思辨能力以及严谨仔细的素质。
3. 培养学生的创新精神,树立坚韧不拔、乐观进取的价值观。

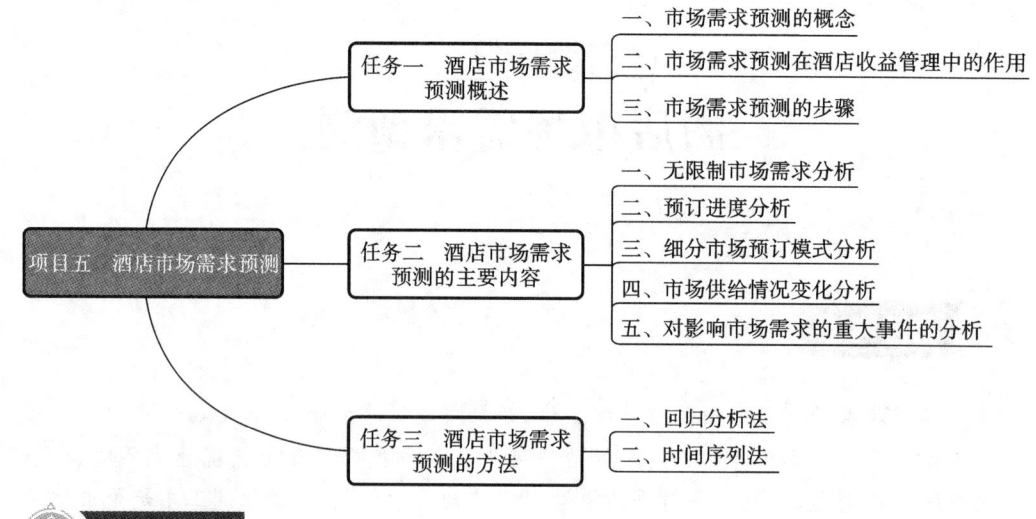

学习重点

1. 酒店市场预测的重要性及作用。
2. 酒店进行市场需求预测的主要内容。
3. 酒店进行市场预测的方法。

谷歌成功预测 H1N1 流感病毒

"谷歌流感趋势"（Google Flu Trends，GFT）是谷歌公司于 2008 年推出的一款预测流感的产品。谷歌公司认为某些搜索字词有助于了解流感疫情。"谷歌流感趋势"会根据汇总的谷歌搜索数据，近乎实时地对全球当前的流感疫情进行估测。

2008 年 11 月谷歌公司启动 GFT 项目，目标是预测美国疾病控制与预防中心报告的流感发病率。即人们不需要等该中心公布数据，根据就诊人数计算出的发病率就可以提前两周知道未来医院因流感就诊的人数了。人们就可以有充足的时间提前预防，减少了麻烦和经济损失。

谷歌每天都会收到来自全球的众多搜索指令，如此庞大的数据资源足以支撑和帮助它完成各种分析。谷歌工程师发现某些搜索字词有助于了解流感疫情：在流感季节，与流感有关的搜索会明显增多；到了过敏季节，与过敏有关的搜索会显著增多；而到了夏季，与晒伤有关的搜索又会大幅增加。这是很容易理解的，一般情况下没有生病症状时人们是不会去主动查那些与疾病相关的内容的。

于是，2008 年谷歌推出了"谷歌流感趋势"（GFT），这个工具根据汇总的谷歌搜索数据，近乎实时地对全球当前的流感疫情进行估测，但当时并没有引起太多人的关注。

2009年,在H1N1爆发前几周,谷歌公司的工程师们在 *Nature* 上发表了一篇论文介绍了GFT,不仅成功预测了H1N1在全美范围的传播,甚至具体到特定的地区和州,而且判断非常及时,令公共卫生部门官员和计算机科学家倍感震惊。与滞后的官方数据相比,谷歌数据成为一个更有效、更及时的指示标。

任务一 酒店市场需求预测概述

一、市场需求预测的概念

预测是在客观历史事实和现状的基础上,通过科学的调查和分析,由过去和现在去推测未来,由已知去推测未知,揭示客观事实未来发展趋势和规律的过程。

"人无远虑,必有近忧""凡事预则立,不预则废"都是古代运用预测思想的写照。在远古时期,由于受到知识和认识手段的限制,预测主要是依靠主观经验以及直观分析,借助一些先兆信息来加以推断,并非科学技术,只能说是一种文化。随着人类科学技术的发展,认识手段的不断进步,人们越来越重视把现代知识、先进的认识手段与预测过程结合起来;把预测的前提、预测的过程和预测的结论都建立在科学认识的基础之上。如今,预测已逐渐成为一门独立的应用型学科,在经济、社会、科技等各个领域都得到了广泛的应用,并得以迅速发展。例如,国家的发展规划、经济计划以及天气预报等领域都包含有预测技术的应用,预测技术为社会的进步和发展发挥重要的作用,受到人们的广泛重视。

关于预测,有以下几点需要我们了解。

(1)所有的预测都有一个主要的前提假设,那就是"过往的模式会在将来重现",即秉持着"任何事物都存在规律"的认知。

(2)预测很少是完美的,即预测的科学和艺术是在试图最小化而不是消除预测错误。

(3)预测的期限越短,预测就越准确,如明天的天气预报和15天后的天气预报,肯定明天的更为准确。

(4)应用现代信息技术是提高预测准确性的有效方法。例如,在防灾减灾决策服务和公共气象服务中,通过投资建成的多普勒气象雷达、高时空密度的自动气象站、海上石油平台气象站、风廓线雷达、闪电定位仪等一批气象探测设备获取大量数据,将科技应用在现代防灾减灾中,能够使气象局更为准确地把握和预测台风移动路径和方向,提高了台风、暴雨等气象灾害预警信号发布的准确率,为重大气象服务赢得了主动权,从而提高政府应对非正常重大突发公共事件的能力。

酒店收益管理中的市场需求预测主要是指通过对酒店未来市场的供需情况进行估计、推算和认识,为决策者提供依据,最终帮助酒店管理者及早掌握未来市场的情况,从而为制定正确的市场战略奠定基础。

二、市场需求预测在酒店收益管理中的作用

市场需求预测是在市场调查的基础上,运用预测理论与方法,预先对所关心的市场未来变化趋势与可能的发展水平做出估计与测算,为决策提供科学依据的过程。市场需求预测在酒店收益管理中的重要性主要体现在以下几个方面。

(一)市场需求预测是实施收益管理策略的基础

在酒店收益管理实践中,一方面,当市场供过于求时,应想办法最大限度地减少现有客房存量资源的闲置,尽可能多地实现客房价值,以期提高收益;另一方面,当市场供小于求时,则需要有效地进行资源分配和运用价格杠杆调节市场,优化客源结构,从而实现收益最大化。因此,根据不同的未来市场需求预测结论,酒店将展开完全不同的收益管理策略,预测是有效实施收益管理的基础和前提条件,如果没有市场预测作为基础,要顺利开展收益管理工作是非常困难的。

(二)市场需求预测为收益管理活动提供大量有用的信息和数据

要做好未来市场需求的预测,需要收集、归纳和分析大量现在和未来的市场信息和数据。这些信息和数据包括但不限于各细分市场消费者行为模式及市场发展动态信息、未来影响市场变化的事件信息、竞争对手相关信息、酒店投资方未来经营目标信息等。这些信息和数据的收集及整理,能够帮助酒店合理而客观地做出经营决策,实现真正的"数据驱动管理"。

(三)市场需求预测有益于酒店管理者做出正确决策

在酒店收益管理工作中,定价、客房分配和超额预订等策略最终由收益经理制定。而预测则有益于酒店收益经理在决策工作中趋利避害,减少决策中的不确定性。政治、经济、环境、市场、心理及自然等构成因素是处于运动和变化之中的,多数酒店在经营管理决策中都会存在一定程度的不确定性。为避免在市场风险中失利,减少经营管理的盲目性,就需要通过市场预测,对未来影响酒店收益的各类因素做出准确的预见和判断,以便收益经理根据预测做出正确的市场决策。准确的市场预测能有效提升管理层的信心,使酒店经营管理人员敢于面对未来不确定性的风险挑战。

同步案例

长沙网红酒店的客房销售策略

2020年,长沙成为大家所熟知的旅游城市,长沙某酒店业人士曾预测2020年国庆节期间全国有接近一半的游客会选择来长沙旅游"打卡",可见整体市场需求的旺盛程度。图5-1为长沙一家知名酒店在9月10日与10月1日的客房价格查询情况。这家酒店地处长沙的地标建筑物内,能够远眺湘江,且在房间内就能够观赏橘子洲的国庆烟花秀,因此房间非常紧俏。但在提前20天订房的情况下,酒店

只向市场投放了少量高级别、高价格的套房,其他基础房型全部显示已经订完。请问这正常吗?随后通过了解得知,面对国庆长假的高市场需求,不少酒店在国庆期间都采取了不急于将房间过早销售一空,而预留一定比例的客房,等到离入住日期较近时以更高价格售卖的经营策略。

房型	价格类型	床型	餐食	取消政策		价格	预订
发现者套房 查看详情 ▼	标准价 编号:CUXEHF	大床	2份早餐	免费	限时取消 立即确认	¥4688	预订 担保 仅剩2间
	标准价 闪住 编号:DCGFQ8	大床	2份早餐	免费	限时取消	¥4635	订完 在线付
N1豪华大床房 查看详情 ▼	(提前4天预订) 编号:D08AND	大床	无餐食	免费	限时取消	¥2239	订完 担保
N1豪华双床房 查看详情 ▼	(提前4天预订) 编号:D08AOT	双床	无餐食	免费	限时取消	¥2239	订完 担保
N2尊贵江景大床房 查看详情 ▼	标准价 闪住 编号:DCGE02	大床	无餐食	免费	限时取消	¥2502	订完 在线付
N2尊贵江景双床房 查看详情 ▼	标准价 闪住 编号:DCGENA	双床	无餐食	免费	限时取消	¥2502	订完 在线付
N3尊贵豪华大床房 查看详情 ▼	标准价 闪住 编号:DCGFBV	大床	2份早餐	免费	限时取消	¥2733	订完 在线付
N3尊贵豪华双床房 查看详情 ▼	(清爽一夏) 编号:4RWHZB	双床	2份早餐	免费	限时取消	¥2064	订完 担保
高级大床房 查看详情 ▼	标准价 闪住 编号:2WGBV4	大床	无餐食	免费	限时取消	¥2000	订完 在线付

(a)

猜您喜欢							
探索者套房×1间 查看详情 ▼	标准价 闪住 编号:DCGLBE	大床	2份早餐	免费	限时取消 立即确认	¥4297	预订 在线付
符合条件的房型							
探索者套房 查看详情 ▼	标准价 代理 编号:01EFEP	大床	2份早餐	免费	限时取消 2小时内确认	¥4280	双早超值价 预订 在线付
	标准价 闪住 编号:DCGLBE	大床	2份早餐	免费	限时取消 立即确认	¥4297	立即确认超值价 在线付
	标准价 编号:CUXEIW	大床	2份早餐	免费	限时取消 立即确认	¥4338	预订 担保
	(中秋高级礼盒) 编号:69TC47	大床	2份早餐	无	限时取消 立即确认	¥4746	预订 担保 房量紧张
	(清爽一夏) 编号:4RWHZ1	大床	2份早餐	免费	限时取消 立即确认	¥3638	订完 预留

(b)

图 5-1 长沙某酒店 2020 年国庆节期间客房价格查询情况

案例分析

三、市场需求预测的步骤

市场需求预测是一项系统工程,不仅要对相关市场数据进行收集和运算,而且需要对运算结构进行分析和决策。市场需求预测过程主要包括两个阶段:第一个阶段为归纳阶段,包括预测目标的确定、收集酒店的历史数据和对数据进行分析与提炼工作;第二个阶段为推断阶段,包括选择预测方法、实施预测和对预测结果进行比较、分析和评价。我们一般把市场需求预测分为确定预测指标、收集数据、选择预测方法、实施预测及修正预测存在的误差五个步骤,并参照以上两个阶段的思路来分步实施。

1. 确定预测指标

确定预测指标,即确定哪些因素和变量会影响市场需求的预测值。在酒店经营管理实践中,预测指标的确定通常是根据收益管理工作的需要来确定的。

2. 收集数据

在确定完预测指标后,酒店收益经理会根据指标的需要有针对性地收集数据,这些数据一般分为酒店内部的经营数据与酒店外部的市场数据两大类,酒店内部的经营数据一般来自酒店内部的经营管理系统(PMS),比较容易获得,而酒店外部的市场数据比较难获得,这就要求酒店收益经理通过大量的外部市场调查结合自身的丰富工作经验做出分析和决策。

3. 选择预测方法

选择合适的预测方法对收益管理中的预测工作来说十分重要,它关系到预测结果能否对酒店管理者的决策起到指导作用。预测方法选择不当可能会降低预测结果的准确性,在本项目任务三中,将为大家介绍几种常见的酒店市场需求预测方法。

4. 实施预测

实施预测就是做出预测,获得预测结果。但市场存在着系统的复杂性和随机性,而且预测过程中容易受到数据、方法、工作人员经验等多方面因素的影响,致使预测结果存在着一定的误差。

5. 修正预测存在的误差

修正预测存在的误差,是对预测结果进行决策的最后环节。每次预测都需要进行误差分析,对超出误差范围的预测值进行修正和调整。酒店收益经理在做出预测结果后,需要根据相关的知识和工作经验来分析判断预测结果的可行性,通常需要预测人员、酒店收益经理乃至酒店高级管理人员共同对预测的结果加以判断、分析和调整,最终确定预测值。

任务二　酒店市场需求预测的主要内容

市场环境分析主要是对市场的历史数据进行分析,进行市场细分分析,研究每个细分市场的特点和需求,做到心中有数,掌握市场发展变化的趋势。进行市场环境分析时

还应考虑酒店的预订进度分析、市场的预订模式分析、接受预订时的后悔和拒绝数据分析、市场供给情况变化分析、竞争对手价格变化趋势分析、市场的季节性变化分析、影响本地旅游市场的时间分析等要素。

在收益管理中，市场分析预测的主要内容包括无限制市场需求分析、预订进度分析、细分市场预订模式分析、市场供给情况变化分析以及细分市场入住模式、竞争对手价格变化、市场的整体变化趋势、市场需求变化的季节性和周期性、对影响市场需求的重大事件的分析等九个方面。下面主要介绍前五个方面。

一、无限制市场需求分析

酒店收益管理要分析预测的东西很多，如市场需求、客房出租率以及平均房价等，说到底，最重要的是对无限制市场需求的分析预测。那么，什么是无限制市场需求？为什么要预测无限制市场需求。要回答这个问题，首先必须懂得什么是需求。在这里提到的需求是有效需求，即顾客想来酒店住宿，同时他们也有能力支付相关费用。需求和购买力，两者缺一不可，否则就不是有效需求了。

无限制市场需求是指在酒店不设任何限制条件的情况下，顾客对该酒店客房产品与服务的总有效需求，这个总有效需求量可以超过酒店客房供应数量的上限，等于已确认的需求量与潜在需求量的和。简单地讲，无限制市场需求不仅包括酒店内的已有客源市场需求，还包括店外的未满足的客源市场需求。酒店可以根据实际产生的预订信息获得已确认的需求量，难以确认的往往是潜在需求量。

在酒店的运营管理中，潜在需求量往往包括以下三种情况。第一种，因不符合酒店设置的限制条件而被拒绝的需求。顾客可能会因价格、入住时长、购买数量等方面无法达到酒店的要求，而导致自己的需求无法满足，从而选择其他酒店。第二种，因反悔而未实现的需求。在酒店经营中常常会遇到顾客已经预订客房，但最终却出现取消预订或失约（no-show）的情况。第三种，因超额预订而未满足的需求。因酒店执行超额预订而将顾客安排入住到其他酒店，也就是我们所说的"walk"（走）的客房数量。

那么酒店为什么要做无限制市场需求分析呢？如图 5-2 所示，深色部分是已确认的需求量，浅色部分是潜在的需求量，两个部分加在一起就等于无限制市场需求。当无限制市场需求较低时，比如图中的 1 月与 6 月，酒店就应当采用广开渠道、降价促销等策略以提高客房销售量。而在无限制市场需求较高，特别是超出酒店客房供应量的时候，如图中的 2—5 月，酒店则应当设定一定的限制条件，采取停止优惠活动、提高价格、限定最少入住天数等策略，尽可能将客房留给价值高、潜在利润大的细分市场，从而实现酒店收益的最大化。因此，研究无限制市场需求能够帮助酒店达到全面了解市场需求并优化客源结构的效果。

二、预订进度分析

预订进度分析是随着时间推移持续观测客房预订增长趋势的方法。一般来讲，当预测结果大于实际结果时，酒店就倾向于采取较为激进的收益管理策略，例如涨价；而当预测结果小于实际结果时，酒店就倾向于采取较为保守的收益管理策略，例如促销。

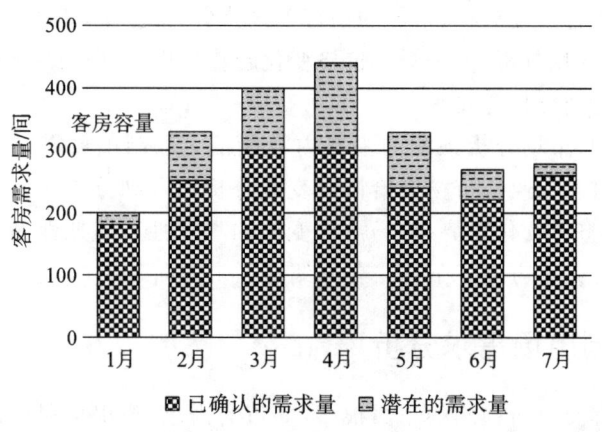

图 5-2 无限制市场需求预测

从图 5-3 中可以看到,预测日前 6 天,去年同期卖出了 65 间房,而当天此时已经卖出了 90 间房,同比变化率为 38.5%。从图中还可以发现,从预测日提前 50 天起,今年酒店客房的销售量就开始超过去年同期,并且稳步提升,在这样的趋势下,我们基本上可以判断今年预测日的客房市场需求一定会大于去年同期。当该酒店预订进度预测结果较好,高于历史同期时,酒店可以适当提高价格,设置严格的价格限制条件,将客房售卖给高价值的细分市场,从而提升酒店的整体收益。

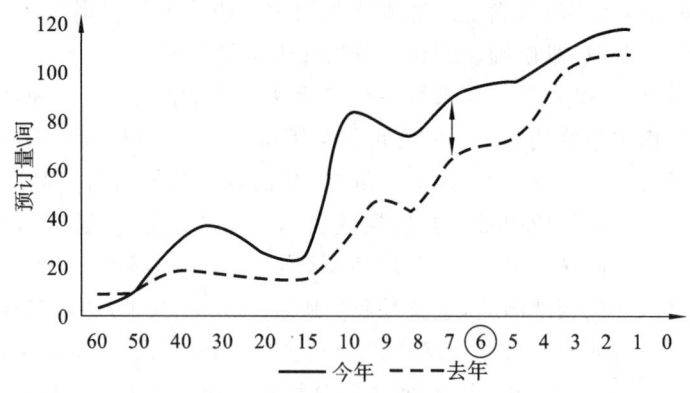

图 5-3 酒店客房预订进度分析

三、细分市场预订模式分析

在酒店的市场预测中,首先应该对酒店每个细分市场的消费者预订模式有一个大致的了解。细分市场预订模式是指酒店细分市场顾客预订客房的行为特征和规律,主要包括顾客在抵达日前提前多少天预订客房和通过什么渠道预订客房两个方面。顾客提前预订天数能帮助酒店了解不同细分市场顾客预订进度增量的波峰和波谷,从而判断各个时期预订增加量的合理性;预订渠道能够帮助酒店了解不同细分市场顾客的预订行为偏好,通过关闭营销渠道、新增营销渠道、设置营销渠道预订限制条件等方法提高酒店客房的销售量。

表 5-1 所示的是 2019 年全国需求前 20 名城市顾客提前预订酒店天数占比数据,

可以发现当前国内大部分顾客还是倾向于当天或者提前1天预订,提前1个星期(7天)预订的顾客总占比一般都不超过10%,但对于属于旅游度假型城市的厦门和三亚而言,则会有不少顾客提前预订客房。而在酒店的具体经营中,在了解整个市场预订模式的基础上,还应该对酒店的各个细分市场的预订模式进行分析。

表5-1 2019年全国需求前20名城市顾客提前预订天数占比

区域	当天预订	提前1天	提前2天	提前3天	提前4天	提前5天	提前6天	提前7天及以上
全国	69.7%	11.5%	4.2%	2.7%	2.0%	1.4%	1.1%	7.4%
上海	54.4%	15.8%	6.5%	4.2%	3.1%	2.3%	1.8%	11.9%
北京	53.3%	17.4%	7.1%	4.5%	3.2%	2.3%	1.7%	10.4%
广州	65.4%	12.8%	4.8%	3.1%	2.4%	1.7%	1.3%	8.7%
成都	69.6%	12.1%	4.2%	2.6%	2.0%	1.4%	1.0%	7.2%
深圳	71.5%	12.0%	4.3%	2.7%	1.8%	1.3%	1.0%	5.4%
杭州	62.0%	14.3%	5.5%	3.5%	2.5%	1.9%	1.4%	8.9%
重庆	71.5%	11.4%	3.9%	2.4%	1.7%	1.3%	1.0%	6.9%
西安	67.8%	12.4%	4.3%	2.8%	1.9%	1.5%	1.1%	8.3%
南京	58.6%	14.9%	6.1%	3.7%	2.7%	2.0%	1.5%	10.4%
武汉	70.0%	11.6%	4.2%	2.7%	2.2%	1.4%	1.0%	6.9%
厦门	55.2%	14.3%	5.7%	3.7%	2.8%	2.2%	1.8%	14.3%
长沙	70.4%	11.3%	4.0%	2.5%	1.9%	1.3%	1.0%	7.4%
三亚	47.3%	15.7%	5.5%	3.6%	2.7%	2.3%	1.9%	21.1%
青岛	62.1%	13.9%	5.3%	3.4%	2.4%	1.8%	1.4%	9.7%
天津	64.0%	13.7%	5.4%	3.3%	2.5%	1.7%	1.2%	8.2%
苏州	60.6%	13.6%	5.4%	3.5%	2.6%	1.9%	1.5%	10.9%
昆明	70.1%	11.3%	3.9%	2.5%	1.8%	1.3%	1.0%	8.0%
郑州	78.9%	9.2%	3.2%	1.9%	1.4%	1.0%	0.8%	3.7%
济南	67.5%	12.7%	4.8%	3.1%	2.3%	1.6%	1.2%	6.9%
南宁	77.7%	9.7%	3.2%	2.0%	1.6%	1.0%	0.7%	4.1%

(资料来源:众荟信息《2019酒店大住宿白皮书》)

同步案例

下面以商务散客市场和休闲度假散客市场为例来进行说明。图5-4是商务散客市场预订模式图,由图可知从入住前100天到前35天,酒店商务散客的预订房间数从2间增加到28间;而从入住前35天到前8天,客房预订数量由28间增加到120间;从入住前8天到入住日当日还是120间,这期间有少许预订数量的起伏,表明有出现增加预订或取消预订的情况,但对总体趋势影响不大。因此,由此图可总结出如下结果:该酒店商务散客的预订高峰期发生在入住日前4周(28天)内,提前5周以上预订的顾客很少。

图5-5所示的是休闲度假散客市场的情况,这个市场的顾客也有着自己的预订模式,他们很早就开始预订酒店的客房,在提前4周(28天)左右达到预订的峰值。休闲度假类顾客往往较早制订旅行计划,且一般对价格较为敏感,而商务类顾客相对于休闲度假类顾客来说,出行计划受工作任务影响,往往不能过早确定行程,但他们一般对价格不太敏感,相对来讲更愿意支付高价格以获得更便捷的服务。

离入住日天数	净增的预订房间数
100	2
90	3
80	5
70	7
60	9
55	13
50	10
45	20
40	25
35	28
28	44
21	60
18	75
14	90
10	110
8	120
5	123
3	127
2	125
1	122
0	120
−1	118

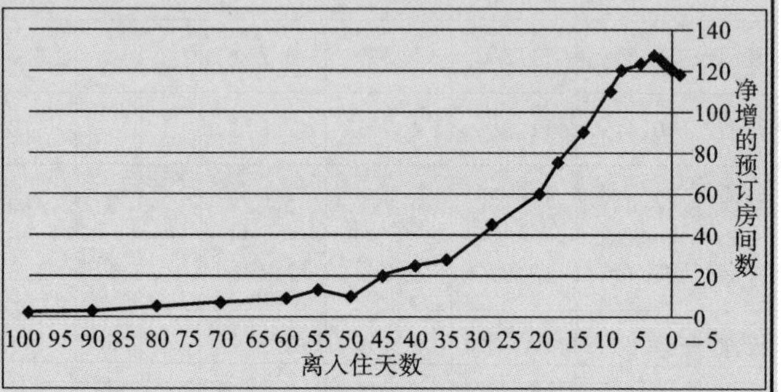

图5-4 商务散客预订模式图

离入住日天数	净增的预订房间数
100	15
90	25
80	30
70	32
60	40
55	45
50	50
45	56
40	57
35	59
28	60
21	65
18	62
14	60
10	57
8	59
5	58
3	55
2	54
1	53
0	52
−1	52

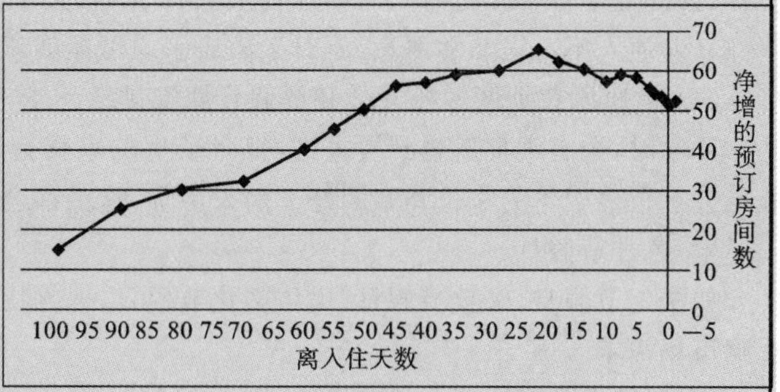

图 5-5　休闲度假散客预订模式图

 **同步思考**

根据以上案例,如果酒店想通过提前预订这个限制条件实现商务散客与休闲度假散客客源结构的合理搭配,在提前预订时间点之前预订客房的价格较低,在提前预订时间点之后的价格则较高,从而达到商务散客和休闲度假散客两个市场执行不同价格标准的效果。那么这个提前预订的时间点设置为提前多久才是合适的呢?

四、市场供给情况变化分析

市场的预测内容中还应包括对市场供给情况变化的监控,应该持续关注市场中是否有新的酒店开业,是否有新的竞争对手加入,是否有酒店因装修升级改造等原因而带来的客房供应数量的变化等。这些情况会直接影响区域内酒店市场的供需状况以及市场竞争的激烈程度,酒店收益经理应对以上信息保持密切关注,并根据情况适时调整经营策略。

五、对影响市场需求的重大事件的分析

各种节假日、区域性的大型行业会议或展览、各类赛事和文娱表演、天气变化或其他突发事件都可能会影响市场的需求。因此,酒店的市场营销部门在做下一年的市场营销计划方案时都会关注这些特定的日期和事件,并在日历上做出标记。例如,世界旅游日、国际爱牙日、国际合作节、国际残疾人日、国际大学生节、消防宣传日等节假日和事件日普通人不一定非常熟悉,但对于酒店来说可能就意味着"需求"。

(1) 酒店所在地区学校开学和放假日期安排。

开学时,会有大批新生到校报到,很多新生的家长会送行到学校;放假前的毕业典礼也会有很多学生的家长和亲朋好友前来参加,这些都会增加酒店市场需求。

(2) 各种节假日。

如法定节假日、宗教节假日、民俗文化节假日、地方特色节假日等,这些节假日都会影响市场需求。

(3) 地区性大型行业会议或展览。

例如年度性的汽车展览、服装展览、电子产品展览给举办地的酒店业带来了很大的需求。

(4) 大型体育比赛文娱表演。

这些比赛、表演通常会使举办地区酒店的市场需求增加。例如,奥运会、亚运会或其他地区性、区域性的大型体育比赛通常会使举办地的酒店需求的增加。

(5) 因恶劣天气而引发事件。

恶劣的天气会影响酒店的需求。一方面,恶劣的天气会使人们减少外出旅游,从而使酒店需求减少;另一方面,恶劣的天气也可能增加酒店的需求。例如,恶劣的天气会使航班延误,导致很多机组人员和乘客滞留,对机场酒店来说,恶劣的天气反而增加了酒店的需求。另外,如果邻近地区遭受恶劣天气影响,部分市场需求会转移到本地市场从而使本地市场的需求增加。

以上就是酒店市场预测的主要内容,但这并不是市场预测内容的全部,酒店收益经理往往会根据自己的需要,收集各渠道销售数据、市场季节变化趋势数据、竞争对手数据、顾客入住的天数数据等,以确保预测的科学性与合理性。

任务三 酒店市场需求预测的方法

预测的方法多种多样,很多酒店对预测工作不够重视,即使做预算或营业计划,也流于形式、走过场。另外,一些酒店虽然重视预测工作,但是没有掌握科学的预测方法。预测建立在凭直觉或直观判断的基础上。例如,某酒店最近几个月客房预订量很大,酒

店管理人员讨论后认为未来几个月市场需求量也会很大,于是决定提高客房价格。这些依靠直觉或主观判断的预测方法称为非正式预测法,用这种方法进行的预测不科学,而且风险很大。

与非正式预测法相反的是正式预测法。正式预测是依据科学的方法做出的预测,正式预测法多种多样,通常分为定性预测法和定量预测法两大类。定性预测法一般是通过开展深入细致的市场调研,或者企业内部各级管理人员或外来专家通过专题研讨来预测未来的方法,市场调研法、集合意见法、类比法、专家意见法(德尔菲法)等都是常见的定性预测方法。定性预测法主要适合在缺乏量化数据的情况下使用。例如一家新开业的酒店,往往是没有任何经营数据的,这时的市场预测工作往往就需要依靠定性预测法。而对于酒店收益经理或收益管理系统而言,主要还是依靠定量预测法来指导日常的工作。下面主要讲解回归分析法和时间序列法两种定量预测方法。

一、回归分析法

回归分析法是一种典型的因果分析预测法,认为要预测的某个对象的结果依赖于其他的一些因素,或者是这些因素作用的结果。因此,回归分析法研究的是因变量和自变量之间的关系,并用公式来描述这些关系。具体来讲,回归分析法又可分为简单线性回归、多元线性回归以及非线性回归等方法。但这些方法由于需要建立数学模型以及进行复杂的运算,不太适合手工操作,增加了其在实践中的操作难度。

二、时间序列法

时间序列法是根据市场过去的变化规律,把历史数据按照时间的先后顺序,通过一定的统计分析来预测未来发展趋势的预测方法。

(一)直接预测法

第一种时间序列法是直接预测法,也称为幼稚预测法,是时间序列法中最简单的方法,通常用最近发生的情况来预测将来的情况。例如,上个月酒店售出了5000间房晚,那么就预测这个月很可能也出售同样多的房晚数量。这种预测方法看上去不太严谨,但却非常简单实用,得出的结论也具有一定的参考价值。

(二)简单平均预测法

第二种时间序列预测法称为简单平均预测法。表5-2所示的是某酒店连续5周的客房经营情况。以3月15日为例,当日最终卖出了250间客房,在离入住日还有一周的时候酒店已卖出150间客房,在离入住日28天的时候已经卖出50间。通过连续5周的数据统计可见,该酒店在入住日前一周,也就是提前7天的时候,平均可卖掉102(247—145)间客房,两周内(14天)可卖掉141间客房,三周(21天)内可卖掉178间客房,四周内(28天)可卖出214间客房。

表 5-2　某酒店连续 5 周的客房经营情况　　　　　　　　　（单位:间）

时间	入住日的结果	离入住日还有若干天时的预订情况			
	−1	7	14	21	28
3月15日	250	150	110	80	50
3月22日	246	141	102	69	34
3月29日	248	139	108	70	22
4月5日	244	144	103	63	31
4月14日	247	151	107	63	28
平均数	247	145	106	69	33
距离入住日若干天时获得的新预订	0	102	141	178	214
占实际客房销售的百分比	100％	59％	43％	28％	13％

(资料来源:曾国军,《收益管理与定价战略》,2018 年)

同步思考

根据表 5-2 的数据,假设现在离入住日还有 21 天,现在酒店已经卖出了 68 间客房,请预测日当天酒店能卖掉多少间客房?

这种方法称为简单平均预测法的加法预测模式。面对同样的问题还可以用乘法预测模式,区别在于计算的不是平均值而是占实际客房销售的百分比。可见,该酒店离入住日还有一周时,可获得酒店 59％(145÷247)的预订,距离两周可获得 43％的预订,距离三周的客房销售占比是 28％,四周是 13％。

那么回到刚才的问题,在提前 3 周的时候酒店卖出了 68 间客房,采用乘法模式的预测结果会是多少呢?

当然,随着时间的推移,根据历史经营数据对未来影响程度的不同,还可以在加法或乘法模式的基础上使用加权平均预测模式。一般来说,距预测期越近的数据对预测值的影响越大,应该赋予更高的权重。

(三)一次移动平均预测法

第三种时间序列预测法称为一次移动平均预测法。简单平均预测法由于没有考虑市场需求的波动因素以及数据远近对预测值的影响,导致数据具有一定的随机性,这就有可能使预测出现一定偏差。移动平均预测法是按时间序列将观察值由远到近进行排列,并按一定跨越期来计算不断向前移动的若干个数据的平均值的预测方法。

其计算公式是:移动平均数＝过去 N 个时段的值的总和除以 N。它通过引用越来越近的新的数据,不断修正随机因素的影响,并且能够反映市场数据变化的趋势。

 **同步案例**

假如某酒店有 300 间客房,表 5-3 中所显示的是前 15 周每个星期一的客房销售量,下面用一次移动平均法预测第 16 周星期一的客房销售量。

表 5-3　一次移动平均法预测值列表

观察期(1)	观察值(Y_t)	$n=3$		$n=5$	
		$M_t^{(1)}$	$\|e_r\|$	$M_t^{(1)}$	$\|e_r\|$
1	273	—	—	—	—
2	286	—	—	—	—
3	281	—	—	—	—
4	275	280	5	—	—
5	284	281	3	—	—
6	269	280	11	280	11
7	272	276	4	279	7
8	276	275	1	276	0
9	273	272	1	275	2
10	282	274	8	275	7
11	271	277	6	274	3
12	281	275	6	275	6
13	275	278	3	277	2
14	284	276	8	276	8
15	271	280	9	279	8
平均绝对误差(MAE)	—	—	5.42	—	5.40

(资料来源:祖长生,《饭店收益管理》,2021 年)

首先,把前 15 个星期一的客房销售量作为此次预测的观察值 Y_t,然后设定跨越期 n,在 n 的取值上并无明确规定,通常会有 2~3 个跨越期,在这里取 2 个跨越期,分别取 $n=3$ 和 $n=5$,并通过计算误差的大小来进行最后的取舍。先来看 $n=3$ 的情况,酒店第 4 个星期一的预测值等于($Y_1+Y_2+Y_3$)/3=(273+286+281)/3 =280,而最终当天卖出的实际客房量 Y_4 等于 275,预测值与实际值的误差为 5,第 5 个星期一的预测值等于($Y_2+Y_3+Y_4$)/3=(286+281+275)/3≈281,误差为 3,以此类推可以获得后面的其他数据。当 $n=5$ 时只是跨越期范围变大,计算法则并没有发生变化,因此第 6 个星期一的预测值等于($Y_1+Y_2+Y_3+Y_4+Y_5$)/5= (273+286+281+275+284)/5≈280,与第 6 个星期一的实际值 269 之间的误差为 11。

当把两个跨越期的所有数据计算出来后,可以得出当跨越期 $n=3$ 和 $n=5$ 时的平均误差值,在这个案例中 $n=3$ 时所产生的平均绝对误差大于 $n=5$ 时的平均绝对误差,因此,取跨越期 $n=5$ 来预测第 16 个星期一的房间销售量。第 16 个星期一的预测值等于 $(Y_{11}+Y_{12}+Y_{13}+Y_{14}+Y_{15})/5=(271+281+275+284+271)/5\approx276$。一次移动平均法的优点在于弥补了简单平均预测法的缺陷,可以消除由随机因素导致的不规则变动和波动,使预测结果更加准确可行。但这种方法每次只能对下一期的情况进行预测,且需要较多的历史经营数据的积累。

在酒店收益管理的实践中,除以上两类定量预测方法外,还有指数平滑法、预订进度法以及一些新兴的预测方法,例如神经网络法、模拟仿真法等。但这些方法往往都需要建立复杂的模型以及大量的计算,因此,通常大型酒店以及酒店集团会选择购买收益管理系统,依靠计算机技术完成运算过程,以提高日常经营管理的工作效率。市场预测模块算法的准确性以及功能的丰富性成为衡量一款收益管理系统的重要标准。

课程思政

低价机票预测上线 1 天就下架 专家:航空公司封堵买低价票

2016 年 4 月 12 日,"去哪儿网"推出了一款名为"智惠飞"的预测机票类产品,称可以精准预测未来一周内会降价的航班,并按照预测的降价幅度预先销售。正当一些旅客想要试试这个产品是"神器"还是噱头时,没料想还不到 24 小时,"智惠飞"就已正式下架,再次登录"去哪儿网"官网已找不出任何有关"智惠飞"的痕迹。

"智惠飞"是一款采用与阿尔法狗类似的人工智能技术大数据预测类机票产品,可精准预测未来一周内可能会降价的航班,并按预测的降价幅度预先销售。这款产品可以对某个航班未来一段时间内的销售价格波动建立数据模型,测算最低折扣点位,并按照该折扣价格进行预先销售。"去哪儿网"称将承担全部风险:如果预测错误,则由"去哪儿网"支付价格上涨的额外成本,确保消费者顺利出行。

有业内人士觉得,这款从旅客角度开发的产品与航空公司现行政策相悖,相关专家称,"去哪儿网"开发出的这款产品违反了航空公司价格管控政策:"航空公司此前出台了明确的代理渠道政策,'去哪儿网'违反了相关规定。"之前四大航均有明确规定,代理的票价不能低于航空公司官网的价格,也不能额外向旅客收取手续费。同时,四大航均已要求"去哪儿网"正式下架所有的四大航机票产品。

另外一位机票业内专家则分析,航空公司这样做很大一部分原因是担心自己的"高价票"没办法卖出去。如果这个产品预测准确的话,即使"去哪儿网"不提前销售,那么旅客也可能按照预测等待,直到低价票出来。"航空公司将会很被动,甚至在销售受阻的情况下无奈更大幅度降价。"

事实上,航空公司与"去哪儿网"之间正处于紧张的关系之中。目前航空公司正在大力发展直销、提升利润率,企业追求利润最大化的心情可以理解,但因此而封堵一些市场创新行为,恐怕最终结果并不会得到消费者的认可。也有分析指出,背后航企施加压力应该是存在的,但大数据已经应用到各个领域,人工智能也越来越成为将来发展的趋势。

(资料来源:新浪网,http://sh.sina.com.cn/news/m/2016-04-15/detail-ifxriqqx2480999.shtml)

请同学们根据以上材料进行讨论:智能化的大数据预测技术应用到酒店业后,将会给酒店业带来哪些变革和影响?酒店又该如何看待和应对此类事件?

项目小结

1. 介绍预测工作的六个步骤。
2. 说明市场分析预测的主要内容。
3. 阐述市场预测分析的定量分析法和定性分析法的区别,介绍四种定量分析方法。

项目训练

一、知识训练

1. 什么是市场预测?市场预测的步骤是什么?
2. 为什么说预测在收益管理中起着重要作用?
3. 什么是定性预测法和定量预测法?主要区别是什么?
4. 什么是回归分析法?

二、能力训练

假设你们是 H 酒店的收益部新晋职员,H 酒店共有 70 间客房。H 酒店将交由你们来运营 5 天,你们需要运用收益管理知识,通过团队合作,制订最优预订计划,使酒店获取最大收益。你们敢接受挑战吗?

通过分析 H 酒店的商业模式,发现了以下信息:

客房容量:70 间;

预测:准确预测未来 5 晚的需求量;

持续的时间:客人可以住 1~5 晚;

H 酒店暂时只有一种房价:散客价 500 元。

表 5-4 是 H 酒店一周市场需求预测数据,请根据客人抵达日和停留日选择酒店要出售的客房数量。你们的任务是实现收益最大化,但每晚的预订不可以超过酒店现有房间数(70 间)。

表 5-4　H 酒店一周市场需求预测数据　　　　　　　　　（单位：间）

居住天数	房价/元	星期一	星期二	星期三	星期四	星期五	接受预订数
1	500	12					
2	500	30	30				
3	500	8	8	8			
4	500	6	6	6	6		
5	500	4	4	4	4	4	
1	500		5				
2	500		10	10			
3	500		30	30	30		
4	500		5	5	5	5	
1	500			1			
2	500			11	11		
3	500			6	6	6	
1	500				6		
2	500				30	30	
1	500					15	
总需求		60	98	81	98	60	

项目六
酒店收益管理策略

 项目描述

收益管理策略可以更好地指导酒店经营者做出决策,对价格弹性、停留时间控制、置换分析以及超额预订的学习,可以帮助学生了解收益管理的实际运用策略,以及此策略对酒店提升收益的帮助。

 项目目标

知识目标
1. 了解价格弹性的内涵。
2. 掌握停留时间控制内涵。
3. 阐述团队置换分析的运用逻辑。
4. 了解超额预订的内涵。

能力目标
1. 能够计算最佳可用房价。
2. 能够设置停留时间限制。
3. 能够运用置换分析判断酒店是否能接下团队业务。

思政目标
1. 培养学生换位思考以及举一反三的能力。
2. 引导学生在影响酒店经营业绩的重大突发事件之下,直面困难,利用所学知识解决问题。

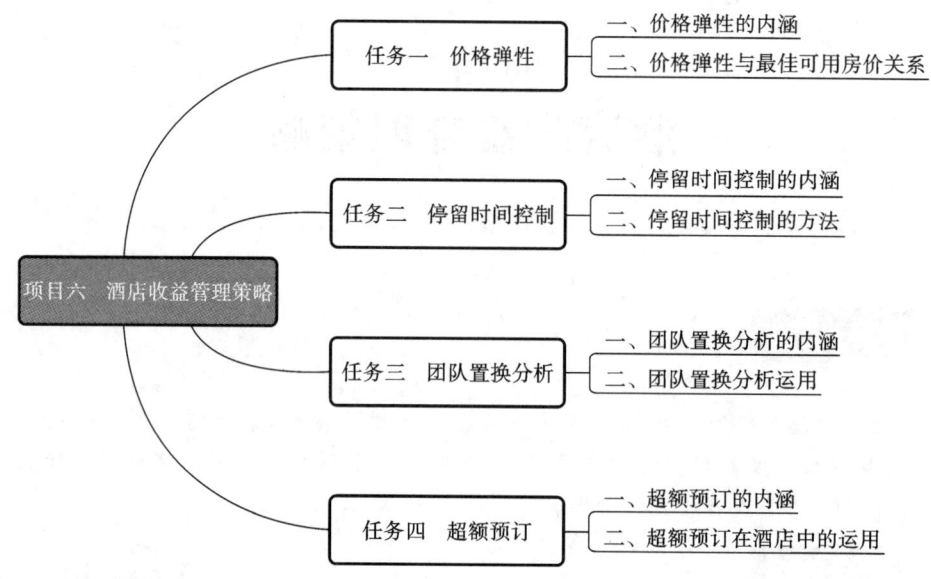

1. 价格弹性与制定最佳可用房价的关系。
2. 停留时间控制的测算。
3. 团队置换成本的核算。
4. 超额预订的计算及注意事项。

现有 A、B 两间经济型酒店的标准双床房前一周在"携程旅行网"出售的价格均为 160 元/间天,平均每日销售量也均为 200 间;后一周两家酒店均将价格调整到 180 元/间天,但是 A 酒店平均每日销售量下降至 160 间,B 酒店平均每天销售量下降至 190 间。假如这两周标准双床房的供应量相同且外部市场环境并未发生变化,请问这两间酒店是适合提价还是降价呢?为什么?

任务一　价格弹性

一、价格弹性的内涵

市场需求的价格弹性也称为价格敏感度,是用来表示一定时期内一种商品的需求量的相对变动对于该商品的价格的相对变动的反应程度。一般情况下,价格上升,需求量减少,价格降低,需求量增加,所以需求弹性曲线是向下倾斜的,也就是说所有产品的价格弹性都是负值。依照习惯,通常是用正数来表示价格弹性,所以在等号后面加了负号。其公式如下:

$$E_p = -\frac{Q\text{变动的百分比}}{P\text{变动的百分比}} = -\frac{\Delta Q/Q}{\Delta P/P} = -\frac{\Delta Q}{\Delta P} \cdot \frac{P}{Q}$$

其中:E_p 表示需求的价格弹性,Q 表示一种商品的需求量;P 表示该商品的价格;ΔQ 表示需求变动值;ΔP 表示价格变动值。当 $E_p > 1$ 时,称为富有弹性,意味着当价格变动 1%,需求量的变动大于 1%;当 $E_p = 1$ 时,称为单位弹性,意味着当价格变动 1%,需求量的变动也为 1%;当 $E_p < 1$ 时,称为缺乏弹性,当价格变动 1%,需求量的变动小于 1%。

项目导入中的 A 和 B 两家酒店都将客房价格从 160 元/间天调整为 180 元/间天,A 酒店在价格上涨后客房卖出数量由 200 间下降为 160 间,而 B 酒店在价格上涨后客房卖出数量由 200 间下降为 190 间,对应公式如下:

A 酒店的需求价格弹性为

$$-(-40 \times 180)/(20 \times 160) = 2.25$$

B 酒店的需求价格弹性为

$$-(-10 \times 180)/(20 \times 190) \approx 0.47$$

B 酒店:$E_p = 0.47$,$E_p < 1$,属于低价格弹性。
A 酒店:$E_p = 2.25$,$E_p > 1$,属于高价格弹性。

对于高价格弹性的 A 酒店而言,市场对价格的变化比较敏感,价格增加会带来较大的需求下降,提价通常会导致收入减少,而价格下降将会带来较大的需求增加,降价通常带来更多收入。对于低价格弹性的 B 酒店而言,市场对价格的变化不太敏感,价格增加会带来较小的需求下降,通常带来更多收入,而价格下降将会带来较小的需求增加,降价通常导致收入减少。因此,项目导入中的 A 酒店应该适当降价,B 酒店应该适当提价。

二、价格弹性与最佳可用房价关系

通常在酒店外部市场环境未发生改变的情况下,使客房收入趋于最大化的价格往往出现在缺乏弹性和富有弹性的交界处,管理者可以通过对过去房价和客房销售量的数据分析,找到不同时段内使收入趋于最大化的房价和客房销售量,以此来估计未来某一时段的实现客房收入最大化的价格,即最佳可用房价。

为进一步说明价格弹性对确定最佳可用房价的重要性,我们来分析图 6-1 所示的酒店经营情况,当房价为 100 元/间天时,酒店可卖出 300 间客房,收入为 3 万元;当房价为 300 元/间天时,酒店只能卖出 100 间客房,同样可获得 3 万元收入。但如果我们把房间价格定位 200 元/间天,酒店能卖出 200 间客房,收入为 4 万元。因此,200 元/间天便是这个时间段内的最佳可用房价,客房收入最多。该价格出现在收入曲线顶点的缺乏弹性和富有弹性区的交界处,此处 $E_p = 1$。

根据需求的价格弹性,我们可以用定量的方式建立动态定价的模型,通过复杂的数学计算得到最终的最佳可用房价。但由于数学计算过程复杂,在酒店收益管理的实践中,我们一般借助收益管理系统来完成计算,酒店只需要使用系统计算的结果。因此,

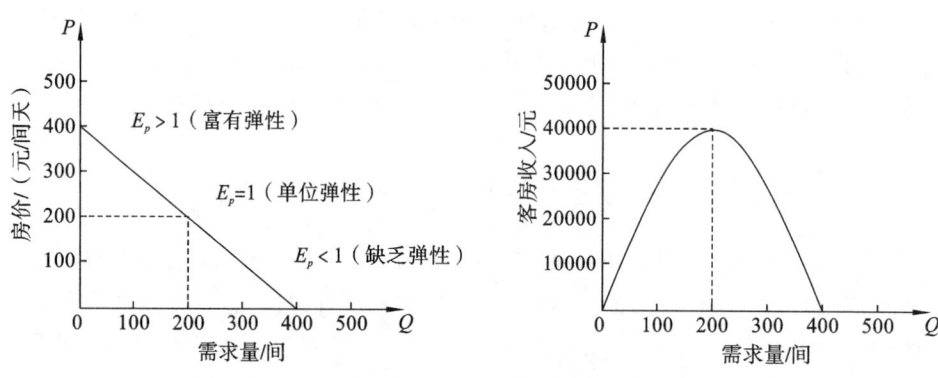

图 6-1　价格弹性与最佳可用房价的制定

目前许多酒店的收益管理系统都具有"推荐每日最佳可用房价"的功能。另外，由于房价与销售量两个指标是同时变化的，而且还会受到外部市场变化、酒店对市场的控制力等因素的影响，要求酒店平时应注重对历史经营数据的收集和保存，及时了解外部市场的变化情况，以便对制定的最佳可用房价进行修订。

同步练习

酒店有行政双床房 100 间，表 6-1 所示为近两周酒店顾客在某 OTA 平台购买行政大床房的情况，假设外部市场环境未发生变化，请计算这两周内行政双床房的最佳可用房价为多少？

表 6-1　近两周酒店顾客在某 OTA 平台购买行政大床房的情况

日期	客房销售价格/(元/间天)	客房销售量/间	客房收入/元
4月1日	830	90	74700
4月2日	855	88	75240
4月3日	900	84	75600
4月4日	905	84	76020
4月5日	935	82	76670
4月6日	950	81	76950
4月7日	975	79	77025
4月8日	1000	76	76000
4月9日	1025	74	75850
4月10日	1050	71	74550
4月11日	1100	66	72600
4月12日	1150	62	71300
4月13日	1170	57	66690
4月14日	1200	52	62400

任务二　停留时间控制

一、停留时间控制的内涵

停留时间控制又可以称为住宿天数控制,它是指酒店通过有效控制客人的住宿时长提高客房占用率,减少空置率,从而提高酒店客房收入的一种收益管理方法。

二、停留时间控制的方法

在酒店收益管理实践中,停留时间控制的方法主要有最小停留时间限制与最大停留时间限制两种方法。

(一)最小停留时间限制

最小停留时间限制常出现于以下两种情况。一种情况是在酒店经营淡季或需求低谷期时,酒店可能采用降价促销的方式售卖客房,但想要获得这些特价客房需要设置一些限制条件,这个限制条件可以是向顾客提出最少停留天数的要求。例如,某酒店推出了周末的特价客房,但为提高整个周末的客房租出率,酒店规定必须是周五和周六连续入住两天的客人才能享受这个特价。另外一种情况出现在酒店的经营旺季或需求高峰期。例如,通常5月1日至5月5日(劳动节),是酒店市场需求的高峰期,那么为提高整个劳动节假期的客房租出率,酒店做出了如下规定:只有连续入住三晚以上的客人才能订到房间。这意味着酒店在面对客人预订5月2日一晚的房间需求时,有可能会拒绝客人的预订需求。

(二)最大停留时间限制

酒店会随着市场的需求波动而执行动态价格策略,因此,酒店在经营中应该要避免在高需求期出现低价购买酒店客房的情况。如果有客人用同一价格连续入住,且当这个价格低于酒店某一日的动态价格时,酒店就会出现收益损失的情况,这时酒店就很有可能因价格的原因设定客人的最大停留时间。例如,为提高淡季的收入,酒店有时会推出一些促销活动和打折优惠券,但为避免客人在经营高峰期同样使用这些优惠券,酒店往往会规定这些优惠券使用的时间段或设置客人住宿的最高天数。

 同步案例

图6-2是某酒店一个星期的各个细分市场需求的预测情况,酒店共有客房100间,这是一个典型的无限制的市场需求预测。在图的下方可以看到各个细分市场的价格,那么在这7天中,酒店每一天最后一间客房的价格应是多少呢?

分析提示

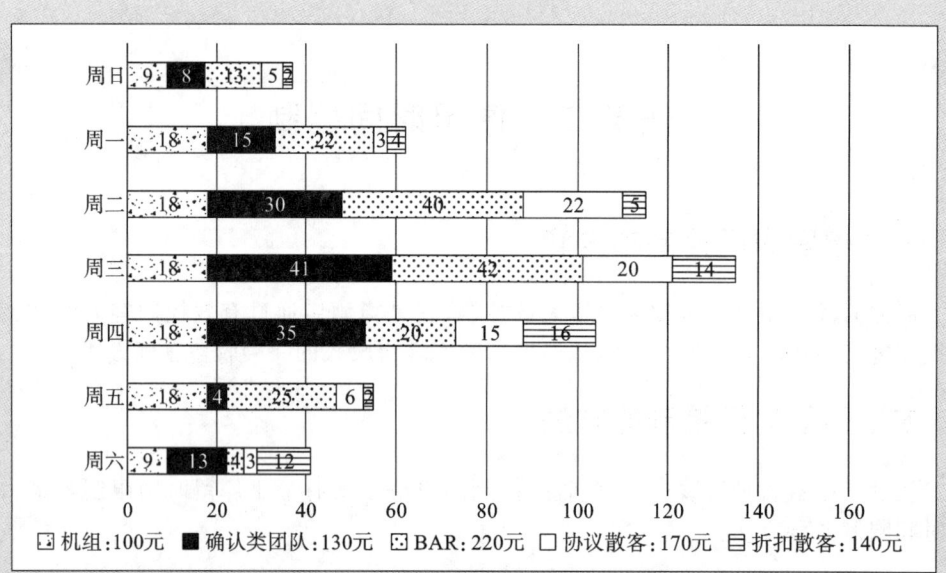

图 6-2 某酒店一个星期的各个细分市场需求的预测情况

每天最后一间客房价格详见表 6-2。

表 6-2 每天最后一间客房价格

日期	入住天数						
	1	2	3	4	5	6	7
周日	0						
周一	0						
周二	170						
周三	220						
周四	140						
周五	0						
周六	0						

获得每天最后一间客房的价格后，请大家思考：如果有客人要预订酒店客房，周一入住，停留周一、周二两个晚上，最低多少钱可以把客房卖给客人？

按照此种方法，我们可以核算出每天多个停留时间的最低价。例如，请大家核算周二入住，停留周二、周三、周四三个晚上，最低多少钱可以把客房卖给客人？

每天对应入住天数最低每晚房间价格详见表 6-3。

表 6-3 每天对应入住天数最低每晚房间价格

日期	入住天数						
	1	2	3	4	5	6	7
周日	0	0	56.6	97.5	106	88.3	75.7

续表

日期	入住天数						
	1	2	3	4	5	6	7
周一	0	85	130	132.5	106	88.3	
周二	170	195	176.6	132.5	106		
周三	220	180	120	90			
周四	140	70	46.6				
周五	0	0					
周六	0						

再思考，如果客人想以折扣价140元预订酒店周二的客房，该如何设置时间停留限制呢？

从表6-4中可以看出，周二住一晚最低要170元，高于140元的折扣价，因此酒店很有可能会拒绝折扣价客人周二入住一晚的预订需求。同理，住两晚为195元，还是高于140元，住三晚为176.6元，直到住四晚为132.5元，低于140元，这说明如果客人想以折扣价在周二入住酒店必须要连续入住四晚，因此，酒店的停留时间限制为最少四晚。

表6-4 停留时间限制设定

日期	每天对应入住天数最低每晚房间价格/元							停留时间限制/晚		
	入住天数							折扣价格 140元	协议价格 170元	BAR 220元
	1天	2天	3天	4天	5天	6天	7天			
周日	0	0	56	97.5	106	88.3	75.7	无限制	无限制	无限制
周一	0	85	130	132.5	106	88.3		无限制	无限制	无限制
周二	170	195	176.6	132.5	106			最少4晚	最多1晚或最少4晚	无限制
周三	220	180	120	90				最少3晚	最少3晚	无限制
周四	140	70	46.6					无限制	无限制	无限制
周五	0	0						无限制	无限制	无限制
周六	0							无限制	无限制	无限制

同理，我们可以算加出其他几个细分市场价格的停留时间限制。这里我们应注意以协议价周二入住酒店的情况，协议价为170元，周二住一晚也是170元，可以满足顾客需求，但住两晚和住三晚的价格都高于170元，只到住四晚价格才低于170元，因此，对于此协议价周二入住的时间停留设置就有两个：最多一晚或最少四晚。

采用时间停留控制策略能够帮助酒店有效提高客房出租率以及选择最佳的业务组合，从而提升客房的RevPAR，最终达到增加酒店客房整体收益的效果。

微课

停留时间控制

任务三 团队置换分析

一、团队置换分析的内涵

团队置换分析是细分市场替换分析的一部分,目的是研究和计算接受某个团队的订房是否会比接受别的团体客的订房,或者是把客房留下来卖给散客更有利。这有点类似于经济学中"机会成本"的概念。在酒店的实际经营管理中,团队业务具有占用房间数量多、价格低的特性。由于酒店的客房总数是有限的,在选择是否接下一个团队业务订单时,经常会遇到如下问题:如果选择接下这个团队,大量客房将会以极低的价格被占用,那么酒店是否会丧失将这部分客房以更高的零售价格卖给散客的机会呢?如果选择不接受这个团队业务,将这部分客房留给散客市场,酒店最终又是否能够按照期望的那样成功地将它们以高价卖出,以至于不会出现大量客房空置给酒店造成损失的情况出现呢?简单来讲,要不要接受这个团队业务?如果接,以什么价格接?是这个问题的核心,要清楚地回答这个问题,我们就需要核算接受这个团队业务的置换成本(机会成本),这就是团队置换分析的核心内容。

二、团队置换分析运用

以下为团队置换分析的应用案例。

同停留时间控制案例,如图 6-3 所示,该酒店共有客房 100 间,以周二这一天为例,在周二的需求预测中有一个团队业务,需要 30 间房,每间房间价格为 130 元,而且从需求预测的情况中可以发现,当天的市场需求已经超过了酒店客房数量的上限 100 间客房,那么酒店是否可以考虑不接受这个团队业务呢?

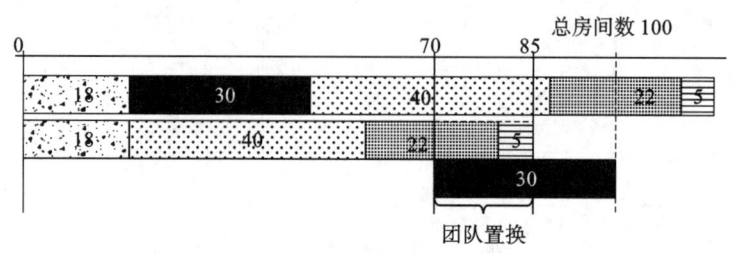

图 6-3 团队置换分析

从图 6-3 中可以发现,如果选择不接受这个团队业务,那么酒店周二的客房最终占用量可以达到 85 间,而团队房间占用量为 30 间,也就是说,为了接下这个团队酒店将不得不拒绝来自其他散客细分市场的 15 间客房的预订,这就是我们所说的团队置换的概念。那么这个团队置换的成本到底是多少呢?为了接团队业务而置换掉的 15 间客房中,有 10 间来自协议散客市场,价格为 170 元,有 5 间来自折扣市场,价格为 140 元,这 15 间房的总价为 10×170+5×140=2400 元,这就是接这个团队酒店所付出的置换成本,而团队共计有 30 间客房,平均每间客房的置换成本就是 80 元。理论上来讲,如果团队客房的价格高于 80 元,说明接受这个团队业务将比不接受这个团队业务带来更高的收益,而在这个案例中,团队的房间为 130 元,所以酒店应该选倾向于择接受这个团队业务的房间需求。

同步练习

酒店共有 300 间客房,当日已被占用 270 间,还剩最后 30 间房可卖,目前酒店已经接受了 15 间客房的担保类预订(已付款),价格为 320 元,现在突然来了一个团队需要 28 间房,价格为 180 元,请问酒店是否应该接下这个团队业务呢?

团队置换分析练习见表 6-5。

表 6-5 团队置换分析练习

项目	房间数量/间	价格/元
已占用房间	270	
可卖房间	30	
担保类预订房间	15	320
团队预订房间	28	180

在酒店收益管理实践中,酒店收益经理面对的情况可能会更加复杂,在做团队置换分析时,除考虑房间价格因素外,还要综合考虑由于团队置换所带来的其他成本、其他收入以及非收入因素带来的影响,只有这样才能做出精准的决策。例如,在前文的例子中,酒店为接纳 28 间房的团队业务就需要在已接受的 15 个预订中拒绝掉 13 个,但这 15 个预订都是担保类客人,客人在做预订时早已付款,如果酒店临时告知客人无法提供房间,后果可想而知,其中一定会产生大量的其他费用和经济损失,这就是团队置换的其他成本。而在有些时候,即便这个团队的房间价格低于其置换成本,但这个团队在入住酒店期间会为酒店带来餐饮、会议、休闲、娱乐等方面的其他收入(图 6-4),酒店依然有可能会选择接受这个团队业务。因为通常来讲,团队业务比散客业务更有可能为酒店带来非客房收入。

除此以外,还有一些非收入方面的因素需要考虑,例如在使用团队置换分析时,可能会出现酒店收益管理目标与销售团队目标不一致的情况。也许从总体收益的角度看,酒店收益经理建议拒绝这个团队业务,但这可能会打击销售团队的工作热情,甚至有时会导致销售团队的工作任务指标受到影响,还有可能造成收益经理与销售人员的冲突。因此,酒店收益管理工作是否有效,除技术因素外,还需要获得全酒店各个部门的理解与配合。

案例分析

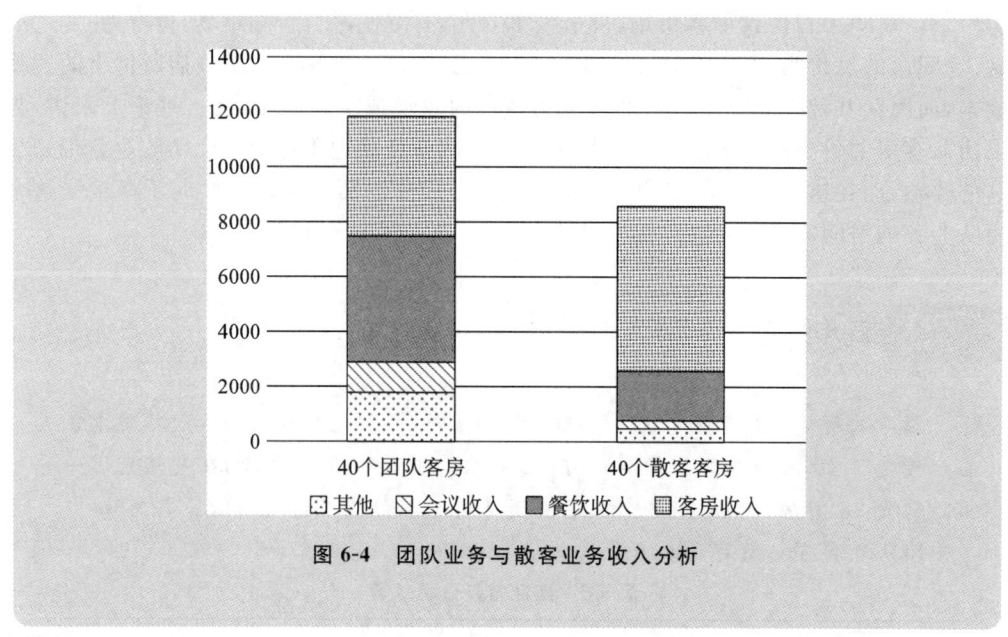

图6-4 团队业务与散客业务收入分析

任务四 超额预订

一、超额预订的内涵

(一)超额预订的概念

超额预订,英文为overbooking,它不仅在航空业,同样也是酒店业中经常用到的一种收益管理策略。超额预订指的是酒店在一定时期内,有意识地使其所接受的客房预订数超过其客房接待能力的一种预订现象,其目的是充分利用酒店客房,提高出租率。例如,酒店某日只剩下了100间可卖房,但却接受了110个房间的预订,预订数比空房数多出了10间,那么该酒店就执行了超额预订策略。

(二)超额预订形成的原因

酒店客房具有价值不可储存性和供应量固定的特性,这就要求酒店在经营中尽可能去做到实现每间客房每一天的价值。但在客房预订出去后,酒店发现并不是所有客人都会如期抵达,经常会遇到部分客人无故未到(no-show)、临时取消预订或提前离店等情况,导致酒店超出预期多出了很多闲置空房,而这些虚耗掉的客房损失是无法弥补的,这是所有酒店在经营上需要面对的难点。因此,就产生了超额预订的需要,通过适当的超额预订,酒店能够有效预防no-show,使超出预期的闲置空房依然能够被卖出,实现其当日的价值,提高酒店的客房出租率。换言之,超额预订是有效帮助酒店弥补因意外因素导致客房闲置损失的一种工具。美国航空公司的泰勒先生曾说过:"决定接受多少预订,这句话的意思就是接受多少预订才能避免可能的 no-show。"

但是超额预订策略是存在一定风险的。如果所有预订的客人都如期抵达,酒店就没有充足的房间提供给客人,将会导致客人无法入住,这势必会造成客人的不满和投诉,不仅影响酒店的形象,还会给酒店带来经济损失。因此,超额预订一定要有一个"度"的概念,尽可能减少"过度超额"的现象出现,这也意味着通常来讲,酒店超额预订的比例不宜过高,按照国际酒店业的管理经验,客房超订数量一般为预订总量的 5%~15%,但这仅仅只是一个经验值,酒店由于经营环境和市场环境的不同,在核算超额预订的比例时还应该结合自身的具体情况进行分析。

二、超额预订在酒店中的运用

(一)超额预订房间数量的计算方法

从理论上来讲,超额预订的房间数量应该等于预期之外的多出来的闲置房间数量。通常以下几种情况会影响房间数量的确定(图 6-5)。

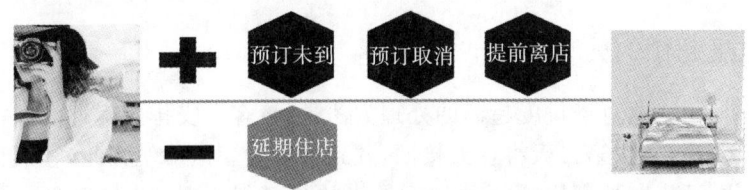

图 6-5 影响房间数量确定的情况

(1)预订未到,即 no-show 的情况,指客人预订了却没有来。

(2)预订取消,指客人预订了但由于行程计划的改变而临时通知酒店取消原有预订。

(3)提前离店,指客人原本计划要续住,却临时通知酒店不再续住,要提前离开。

这三种情况都是在酒店经营预期之外,意外空置出来的客房,我们应该要加上。另外还有一种情况就是延期住店,指客人原本计划今天离店,却临时通知酒店要续住,延期离开。这种情况会让酒店意外地被多占用客房,应该要减去。

因此,超额预订房数=预计预订未到房数+预计预订取消房数+预计提前离店房数-延期住店房数=酒店接受预订总数×预订取消率+酒店接受预订总数×预订未到率+续住房数×提前退房率-预期离店房数×延期住店率。其中,酒店接受预订总数=酒店客房总数-续住房数+超额预订房数。

假设 X 表示超额预订房数;A 表示酒店客房总数;C 表示续住房数;r_1 表示预订取消率;r_2 表示预订未到率;D 表示预期离店房数;f_1 表示提前退房率;f_2 表示延期住店率,则

$$X=(A-C+X) \times r_1+(A-C+X) \times r_2+C \times f_1-D \times f_2$$

经过简单换算后,我们就得到超额预订房数 X 的计算公式如下:

$$X=[C \times f_1-D \times f_2+(A-C) \times (r_1+r_2)]/[1-(r_1+r_2)]$$

设超额预订率为 R,则 R 的计算公式如下:

$$R = X/(A-C) \times 100\%$$

虽然通过以上公式可以在理论上计算出酒店的超额预订率,但在酒店收益管理的实践中,情况会更加复杂,运用此公式运算得到的结果仅具有一定的参考意义。因为还有很多其他影响超额预订的因素在公式中并未体现,这些因素包括但不限于天气因素、重大政治经济事件、周边同档次酒店数量、酒店团队和散客客源构成比例等,收益经理往往需要根据每家酒店的具体情况以及当日的市场需求预测情况进行综合考虑,最终确认超额预订的房间数量。

同步练习

> 某五星级酒店有客房 300 间,未来某一天的续住房数为 150 间,预期离店房间数量为 50 间,经过预测,得知该酒店当天的预订取消率为 5%,预订未到率为 4%,提前退房率为 3%,延期住店率为 4%,请问该酒店这一天应该超额预订房间数量为多少?超额预订率为多少?

(二) 过度超额的处理办法

通常来讲,酒店业对于过度超额的处理方法是:将客人安排到附近的同档次酒店入住,如果客人连住,应在第二天将客人接回,并致以歉意。但即便如此,客人很可能仍然不满意。因此,酒店在处理因超额预订而带来的预订纠纷时,应该要准备多套补偿方案,提高处理技巧,丰富处理经验,尽可能降低因过度超额带来的损失。例如,当酒店收益经理知晓当日有可能过度超额后,应该在客人还未抵店前就联系好周边酒店,做好相应安排,提前联系客人并告知客人酒店的经营情况,有技巧地询问客人是否愿意被安排到其他酒店入住,尽量避免客人已经到达酒店前台才被临时告知无法提供房间的情况出现。总而言之,执行超额预订策略,需要酒店提前做好充分准备,增强风险防范意识,谨慎操作。

同步案例

酒店满房周转工作程序与标准说明书(SOP)如表 6-6 所示。

表 6-6 酒店满房周转工作程序与标准说明书(SOP)

项目	标准
1. 掌握信息	认真查阅尚未到店客人的预订,掌握客人的详细资料; 如客人有联系电话,要与客人做入住时间确认; 掌握客人的来源,客人所需的房间类型,客人预计到店的时间及酒店所给予客人的价格(自付、旅行社付)
2. 联系酒店	致电给周边相同星级酒店的当值经理,询问是否有可卖房间; 告知本酒店所需的房间数

续表

项目	标准
3.协商价格	进一步与相关酒店的值班经理联系,取得最优惠的房价。也可向市场营销部请求帮助,取得最优惠的房价; 根据客人的付款方式,一般可采取本酒店代付及客人自付两种方式(对于代付情况,一般只付房费并经部门批准)
4.传真确认	回发正式的确认传真
5.迎候客人	当值经理要在大堂迎候并做好客人到店后的解释工作; 详细填写满房转住店的正式函件,并要签署当值经理的姓名
6.解释	见到客人后,首先向客人表示歉意,解释本店满房的特殊情况,并同时询问客人是否同意转到相关的酒店入住
7.承诺	客人接受转酒店后,当值经理要对客人的理解表示感谢及承诺第二天会为客人在本酒店安排好最舒适的房间; 与司机班联系有关接送客人的事宜
8.跟踪客人	进一步与客人保持联系,预计客人到转住酒店后,致电询问客人对安排的房间是否满意
9.联系客人,再次入住	次日与客人联系是否决定回到本店入住; 请相关人员接回客人并安排房间免费升级或享受VIP等级的相关待遇
10.房费转账	与相关酒店当值经理再次联系,统计出一份关于本酒店实际需付房费的正式文件; 将最终需要付房费的正式文件转给财务部,以便转账给相关酒店

微课

超额预订

 **课程思政**

随着现代信息化技术的不断提升,超额预订也逐渐成为酒店业一项长期执行的经营策略,不少酒店收益管理系统的自动化技术就专门针对这一需求而设计。对酒店而言,每天都有人取消原本在网上预订的客房,然后再重新预订。客人因为酒店房价下降而取消预订再重新预订的行为,除了会导致酒店收益降低,还有可能严重影响酒店对未来业务的预测。但对于客人而言,其实并不希望有超额预订的情况出现,因为这意味着麻烦。而超额预订一旦产生,酒店前台的处理方案通常很难令客人感到满意,甚至有可能会让客人感觉遭到了酒店的"欺骗"和"抛弃"。"超额预订是否道德?"这个问题也成为行业内外讨论的热点话题,请大家结合收益管理知识和本项目的学习内容,谈谈你对此问题的看法。

项目小结

1. 介绍价格弹性的内涵以及价格弹性与最佳可用房价的关系。
2. 讲述停留时间控制的内涵及方法,知道如何帮助酒店有效提高客房出租率以及选择最佳的业务组合,最终达到增加酒店客房整体收益的效果。
3. 介绍团队置换分析的内涵,让学生初步具备从收益管理的角度思考酒店是否接受该团队的能力。
4. 阐述超额预订的成因,明确合理运用超额预订可以帮助酒店提升收益。

项目训练

一、知识训练

1. 价格弹性的计算中 $E_p<1$、$E_p=1$、$E_p>1$ 分别代表什么意思?
2. 阐述停留时间控制的方法。
3. 如何理解置换分析的内涵?
4. 超额预订的概念及形成原因是什么?

二、能力训练

假设图 6-6 是你所工作的酒店一个星期的各个细分市场需求的预测情况,酒店共有房间 100 间,这是一个典型的无限制的市场需求预测。如果有客人想以折扣价 180 元预订酒店周三的客房,该如何设置时间停留限制?

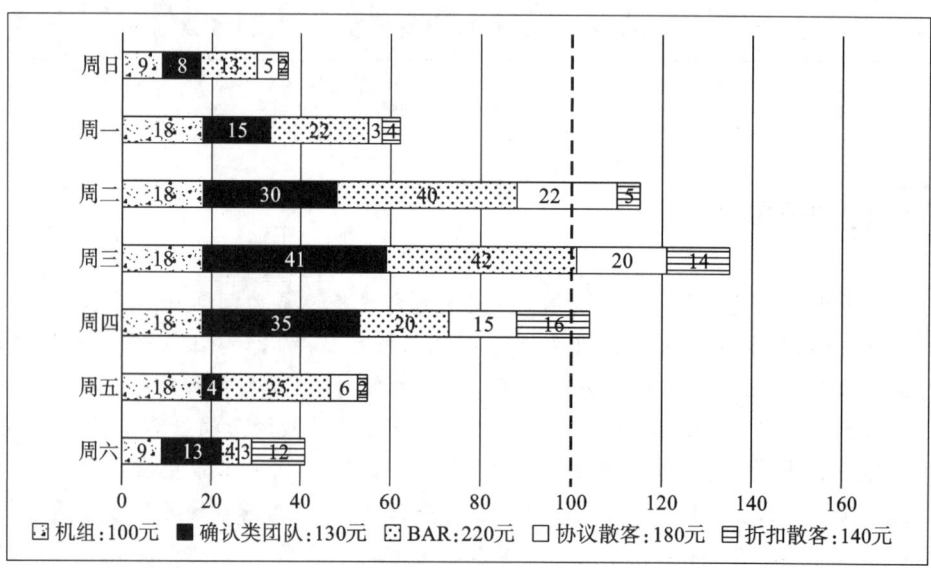

图 6-6　酒店一个星期的各个细分市场需求的预测情况

酒店共有250间客房，某天已卖出210间，仅剩40间可卖，目前酒店已经接受了25间客房的担保类预订(已付款)，价格为每间800元，销售部突然接到一个旅游团队需要20间客房，价格为每间700元，请问酒店是否应该接下这个团队业务？为什么？

项目七
酒店营销渠道管理

 项目描述

　　酒店的营销渠道及其组合是收益管理工作的主要研究内容之一。从酒店的角度来看,营销渠道是酒店的产品和服务到达消费者的途径,从消费者的角度来看,营销渠道是消费者预订和获得酒店产品与服务的途径。酒店的营销渠道可分为直接营销渠道和间接营销渠道两大类。本项目对酒店营销渠道的建立、选择和影响渠道收益的因素等方面进行介绍,有助于学生深刻认知酒店营销渠道组合的重要性,以便更好地对酒店营销渠道进行选择、组合和使用,帮助酒店实现更有效的收益管理。

 项目目标

知识目标
1. 掌握酒店营销渠道的分类。
2. 知道如何建立酒店营销渠道。
3. 理解影响渠道收益的众多因素。

能力目标
1. 能够辨别直销渠道和分销渠道。
2. 能够掌握建立营销渠道的方法。
3. 可以通过消费人数、消费金额和消费频次等指标判断渠道收益。

思政目标
1. 培养学生系统化思维,训练客观看待复杂系统优势与风险的辩证思维。
2. 树立学生合法经营,强调利益共存,共谋行业发展的价值观。
3. 培养学生的创新精神,树立不畏困难、勇于开拓的价值观。

项目七　酒店营销渠道管理

知识导图

```
项目七　酒店营销渠道管理
├── 任务一　酒店营销渠道概述
│   ├── 一、营销渠道
│   └── 二、酒店营销渠道的分类
├── 任务二　酒店线上分销渠道系统的建立
│   ├── 一、酒店集团建立线上分销渠道系统
│   ├── 二、酒店集团统筹分销渠道的运营
│   └── 三、单体酒店线上分销渠道系统的建立
├── 任务三　酒店如何选择线上分销渠道
│   ├── 一、渠道的性质
│   ├── 二、渠道的市场形象与资信
│   ├── 三、渠道的定价及佣金
│   ├── 四、渠道的技术支持和运维能力
│   ├── 五、结算
│   └── 六、合作态度
└── 任务四　影响酒店线上分销渠道收益的主要因素
    ├── 一、消费人数
    └── 二、消费金额
```

学习重点

1. 营销渠道的分类。
2. 酒店线上营销渠道系统的建立。
3. 衡量判断各个线上分销渠道的收益。
4. 各种营销渠道的优缺点,牢固树立营销渠道组合的概念,并将这些知识运用到实际工作中。

项目导入

网上预订的酒店不给退？卖家和酒店均称与己无关

陈女士是重庆人,前段时间计划到青岛旅游,她从淘宝上的一家名为"××旅行社专营店"的商家那里,花了1460元预订了5天青岛××酒店的住宿。由于对青岛不熟悉,误认为青岛××酒店在青岛火车站附近,而实际上该酒店在青岛流亭国际机场附近,距离市区较远。8月4日到达青岛之后,她便提出了退掉预订。"酒店前台让我找平台询问,平台那边说需要扣除30%的违约金,我也同意了。"

由于旅途劳累,陈女士提出能否先住一晚,退掉剩余4天的房费。"商家同意了,酒店也没否认。可后来我收到的信息称因为我入住了一晚,剩下的房费酒店都不给

我退了。""事先没有说不可以退还全款,由于我违约在先,愿意承担30%的违约金,住了一晚的房费我也照付,可剩下的4天房费凭什么不给我退?"

××旅行社专营店客服告诉记者:"这个订单我们已经给了酒店,酒店如果不同意取消订单,月底钱就会结算到酒店账户上,酒店同意取消订单,这个费用才会返到我们账户里,我们也一直在帮陈女士申请。"

8月6日,记者联系青岛××酒店时,工作人员却表示陈女士预交的费用不在酒店账户里,而是在第三方平台那里。至于是哪个第三方平台,该工作人员以"不方便"为由,拒绝透露。

商家和酒店相互推诿均称陈女士预付的费用不在自己账户中,这笔钱究竟在哪里,是否能给陈女士退还,一时之间扑朔迷离。

不仅预付的费用下落不明,短信通知也让陈女士非常烦恼,记者从她提供的资料中看到,有一条短信是通知她酒店拒绝取消其订单,而这条短信是由××网发出的。陈女士说自始至终她都没在××网上预订过,甚至该网站账号她都很久没有登录过:"我也不知道这是怎么回事,没人给我解释。"

青岛市消保委的工作人员表示此次事件中商家和酒店均有责任,"消费者可以向商家平台所在地的市场监管部门进行投诉,由平台所在地的行政执法人员介入,敦促平台和商家。同时也要向青岛市12345热线投诉酒店方,由属地执法人员敦促酒店方,从两方面一起着手,尽快拿到退款。"

8月6日晚上,陈女士告诉记者经过与酒店的不断协调,青岛××酒店同意给她退款。

(资料来源:中国质量新闻网,https://www.cqn.com.cn/ms/content/2018-08/08/content_6134138.htm)

可能有同学在生活中也曾遇到陈女士类似的情况,比如网上展示的酒店客房图片很美,而当客人到达酒店后却发现客房实际情况与图片不符,当向酒店提出退款要求时却又遭到了拒绝。其中的原因究竟是什么呢?要弄清楚这个问题,就要请同学们一起学习酒店收益管理中的渠道管理这一部分内容。

任务一 酒店营销渠道概述

一、营销渠道

美国市场营销学家菲利普·科特勒认为:营销渠道是指某种货物或劳务从生产者向消费者转移时,取得这种货物或劳务所有权或帮助转移其所有权的所有企业或个人。简单来说,营销渠道就是产品或服务从生产者向消费者转移过程的具体通道或路径,也被称为分销渠道。

传统营销渠道按照有无中间环节可以分为直接分销渠道和间接分销渠道两种。由

生产者直接把产品销售给最终用户的营销渠道称为直接分销渠道，即直销；至少包括一个中间商的营销渠道则称间接分销渠道，即分销。还可以根据中间商的数量对传统营销渠道分类，直接分销渠道两端为生产者和消费者，没有中间商，称为零级渠道；间接分销渠道则根据中间环节的环节数量分为一级、二级、三级，甚至多级的渠道。

营销渠道的特征如下。

（1）起点是生产者，终点是消费者（生活消费）和用户（生产消费）。

（2）参与者是商品流通过程中各种类型的中间商。

（3）前提是商品所有权的转移。

（4）系统性。

从经济系统的观点来看，市场营销渠道的基本功能在于把自然界提供的不同原料根据人的需要转换为有意义的货物搭配。市场营销渠道对产品从生产者转移到消费者所必须完成的工作加以组织，其目的在于消除产品（或服务）与使用者之间的差距。市场营销渠道的主要职能有如下几种。

（1）研究：收集制订计划和进行交换时所必需的信息。

（2）促销：进行关于所供应的货物的说服性沟通。

（3）接洽：寻找可能的购买者并与其进行沟通。

（4）配合：使所供应的货物符合购买者需要，包括制造、评分、装配、包装等活动。

（5）谈判：为了转移所供货物的所有权，而就其价格及有关条件达成最后协议。

（6）实体分销：从事商品的运输、储存。

（7）融资：为补偿渠道工作的成本费用而进行资金的取得与支用。

（8）风险承担：承担与从事渠道工作有关的全部风险。

二、酒店营销渠道的分类

营销渠道及其组合是收益管理工作的主要研究内容之一。从酒店的角度来看，营销渠道是酒店的产品和服务到达消费者的途径，从消费者的角度来看是消费者预订和获得酒店产品与服务的途径。

酒店的营销渠道可分为直接营销渠道和间接营销渠道两大类。

直接营销渠道，又称零层次渠道，指的是酒店不通过任何中间商直接把产品和服务销售给最终用户，即"酒店-顾客"模式。消费者通过电话及传真等方式向酒店预订客房、登录酒店官方网站预订客房、步入酒店购买客房（walk-in）、通过酒店官方微信公众号或 App 预订客房、与酒店直接签订订房协议等都属于直销模式。只是在购买方式上存在线上与线下、现代与传统的区别。

间接营销渠道，指的是酒店至少通过一个中间商把产品和服务销售给最终用户，即"酒店-中间商-顾客"模式，根据中间环节数量的多少分为一级、二级、三级甚至多级渠道，这意味着在间接营销渠道中，中间商的数量可能是 1 个也可能是多个。消费者通过旅行社、旅游批发商、代理商、航空公司、会议会展公司、在线旅游服务商（OTA）、全球分销系统（GDS）等预订酒店客房的情况都属于"分销"模式。间接渠道包括旅行社、全球分销系统以及专门的网络经销商、搜索引擎和门户网站等。

图 7-1 是国际酒店集团完整的营销渠道组合示意图，这张图中既包含了直接预订、

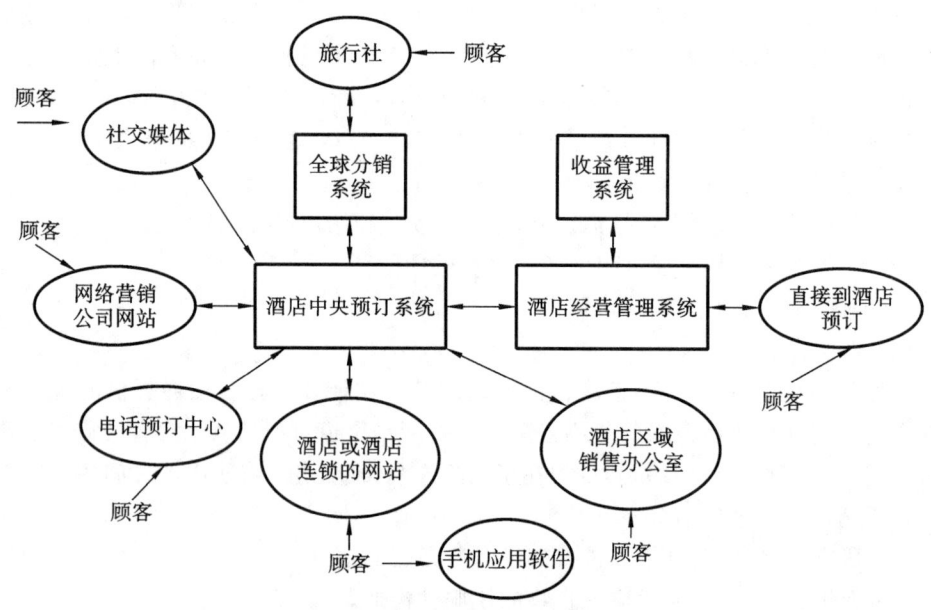

图 7-1 国际酒店集团完整的营销渠道组合

(资料来源:曾国军,《收益管理与定价战略》,2018年)

官方网站预订等直接营销渠道,又包含了旅行社、OTA 等间接营销渠道,最终各个渠道的所有订单信息在酒店经营管理系统(PMS)中集中汇总,从而从整体上把握酒店产品的销售情况以及库存情况。

(一)直接销售渠道

直接销售渠道,是指酒店不通过第三方而自行组织销售的各种途径。直接销售渠道包括酒店销售部、订房部、前台部、电话预订中心、地区销售办公室等,酒店通过它们直接向市场销售产品和服务。近年来,由于互联网的普及应用,越来越多的酒店建立了自己的官方网站、酒店 App 和微信小程序等,在网络上销售酒店产品和服务,并接受预订。这里我们介绍三大类直销渠道:电话预订中心、酒店网站以及区域销售办公室。

1. 电话预订中心

如果酒店是独立运营的单体酒店,通常会在内部设立单独的预订部或订房部,招聘若干个员工专门处理与订房有关的电话、电子邮件和电传。对于连锁酒店集团旗下的酒店来说,如果旗下的每个酒店都设立单独的订房部,配备一批设备和人员,就会造成资源浪费或闲置。所以连锁酒店集团通常把旗下酒店的预订功能整合起来,成立电话预订中心,统一处理订房业务。电话预订中心通常申请若干个简单易记的电话号码,供客人免费拨打,同时方便顾客查询和预订客房及其他产品和服务。

连锁酒店集团旗下酒店的电话预订中心除了需要拥有先进的应答和中转功能的电话系统,还要求拥有连锁酒店集团的中央预订系统。中央预订系统与设置在各酒店的信息管理系统以及全球分销系统联结在一起,并且该系统可以支持酒店的网站。很多酒店集团的中央预订系统与网络营销平台连在一起。所以无论顾客是从酒店的网站和网络经销商的网站订房,或者直接打电话到预订中心订房,抑或通过旅行社从全球分销系统订房,这些订房的信息都可以直接进入中央预订系统,或者由预订中心人员汇总处理,输入中央预订系统,并通过该系统分配传送到各个酒店的酒店信息管理系统。在酒店本部工作的人员可从酒店信息管理系统中查询预订的情况,帮助顾客办理入住登记、消费记账以及离店结账等手续。

2. 酒店网站

互联网的迅猛发展使得越来越多的酒店建立了自己的网站。网站的建立为酒店与现有顾客和潜在顾客的交流和交易提供了一个方便高效的平台。酒店可以在网站上发布产品、服务的价格和信息,可以直接接受团体或散客的查询和预订,还可以收集顾客的反馈意见,答复顾客提出的问题。在酒店网站上宣传酒店的相关产品,由于没有中间环节,酒店不用支付佣金;同时顾客能在任何一个有互联网的地方订房,不受时间和空间的限制,这无疑节约了酒店的销售与经营管理的成本,扩大了酒店产品和服务所能达到的潜在市场范围,扩大了商机。此外,酒店还能直接管理和控制网站的内容和格式,能根据需要随时更新网站内容,根据市场供求关系时时调整产品价格。

但是建设酒店网站投入较大,会产生网络服务器使用费,以及设计、建造、维护和管理网站等一系列费用。如果酒店本身的知名度较高,网站的浏览人数较多,那么潜在的预订也较多,网站发挥的作用越大。相反,如果酒店是单体酒店,或者没有什么知名度,酒店的网站就不会有很多人浏览,那么酒店网站在销售方面能发挥的作用就不会很大。

以美国万豪国际集团为例,万豪旗下的酒店知名度很高,很多回头客和潜在的顾客直接到该连锁酒店集团网站(www.marriott.com)查询和预订其旗下酒店的客房。酒店或酒店公司的网站知名度越高,网站的访问次数越多和网页的点击率越高,酒店的客房预订业务量越有可能增加。

3. 区域销售办公室

很多单体酒店或连锁酒店集团旗下的酒店在主要顾客来源地设立了销售办公室,目的是便于向市场来源地已有顾客和潜在顾客推介酒店的产品和服务,争取订单。例如,广州的白天鹅宾馆曾在香港、北京和上海等地设立了销售办公室。这些办公室负责拜访、维护和拓展这些地区的客户,签订公司协议合同,争取获得大型会议的订单。同时,销售办公室还要了解市场变动情况,为酒店制定市场营销策略提供依据。这些销售办公室的设立是一笔不小的投资,因为招聘工作人员、租用办公场地、组织促销活动和支付差旅费等都需要不少的投入。要发挥好区域销售办公室的作用,酒店必须制定切实可行的考核标准和激励机制。例如,考核销售公室职员的工作成绩时,必须把酒店对他们的投入与他们获得的业务量联系在一起,把他们的工资福利和奖金与工作绩效(酒店业务量)联系在一起。如果已建立的区域销售办公室不能给酒店争取到业务,或者业务量太小,不能抵偿酒店的投入,销售办公室就应该换人或撤销,采取别的方式去争取业务,以免给酒店造成经济损失。

(二)间接销售渠道

除直接销售渠道外,酒店还应积极利用间接渠道。由于酒店的资源有限,或者因为酒店自己做某些营销推广性价比不高,酒店通常还会利用第三方提供的销售渠道,这些销售渠道称为间接销售渠道。酒店业发展的初期行业分工不细,专业化服务不完善,酒

店无论规模大小,在功能部门的设置上常常"五脏俱全",如洗衣部、绿化部、安保部、卫生防疫部、车队等都由酒店自己投资经营。当酒店业逐渐发展得比较成熟时,某些酒店部门的功能可以进行外包,由专业公司负责。这样,既减轻了酒店的负担,也可以让酒店更好地集中力量做好核心的工作,如住宿服务、餐饮和会议服务等。在市场销售的领域也是一样的,酒店同样需要专业的第三方公司提供的服务来提高市场销售的实效。这些公司包括旅行社、全球分销系统、OTA和其他的网络服务商,如搜索引擎和门户网站等。

1. 旅行社

旅行社是酒店营销中比较常见的间接销售渠道,旅行社同酒店合作的方式通常有两种,一种是零售的方式,另一种是代销的方式。

零售的方式指酒店与旅行社协商并签订协议,酒店承诺在一定时间按照规定的价格把一定数量的客房出售给旅行社。由于这个价格通常会比酒店的公共价格低很多,旅行社从酒店购买这些客房后,以新的价格(购价+利润)出售给旅行社的顾客。在淡季时酒店常采用零售的方式同旅行社合作。因为淡季酒店空房较多,难以找到足够的客源,所以酒店将一部分房低价卖给旅行社,旅行社再将它们转手卖给旅行社的客源市场,赚取当中的差价。

代销的方式是酒店根据与旅行社达成的协议,把一定数量的客房按酒店规定的价格交给旅行社代销,客房售出后,酒店支付给旅行社10%~15%的佣金。这种方式一般在客房销售情况比较好的时候采用,因为酒店可以有效调控客房的价格。代销还有另外一种形式,即酒店与旅行社并没有签订固定协议,但旅行社与客户(如每年差旅费预算很大的大公司)签有协议,协议规定该公司的所有旅行安排委托旅行社办理。旅行社承诺帮助这些公司做出最好、最经济实惠的旅行安排,包括交通、住宿和会议安排等,公司则付给旅行社服务费。

酒店收益经理必须要意识到,由于增加了旅行社这一中间环节,酒店需要付给旅行社回扣,增加了酒店销售的成本,减少了酒店的收益。所以,在制定价格和选择与旅行社的合作方式时要考虑各方面的因素。

2. 全球分销系统

全球分销系统(global distribution system,简称GDS)是第一个在全球国际旅游业使用的预订系统,并且是全球旅游业主要的预订系统,因此全球旅游业酒店预订GDS的占有率为50%。加入GDS等于直接与全球几十万家旅行社签订了订房合作协议。然而,那些真正关注酒店长远发展的领导者、决策者以及国际连锁型的酒店管理集团更愿意加入GDS来提高自己的订房效率,且加入该系统的酒店将获得更大范围、更为紧密的客户群,顾客可以通过GDS联盟网站查找到酒店的所有信息,可直接与酒店预订。GDS在全球的推广作用,不仅能无形中提高了酒店在顾客心目中的地位,同时也能与境外旅行社建立合作关系。

拥有全球分销系统的公司最初基本上是开发这些系统的航空公司,后来其中的一些航空公司将其所有权转让,使得拥有这些系统的公司变得多样化。目前世界上有四大全球分销系统,它们是Amadeus、Galileo、Sabre以及Worldspan,至今仍在旅游业中

发挥着重要作用。

除了来自互联网的竞争,GDS 还面临着来自内部的挑战,主要是 GDS 的维护和升级十分昂贵,必须进行技术革新。因此,上述四大公司近年不同程度的开发和使用新技术,改进系统架构,以提供更廉价、更方便和更能提高点击预订率的系统。此外,一些 GDS 还建立了自己的网站,直接面向消费者,使消费者可以在这些网站上直接预订。如 Worldspan 支持的 Expedia(亿客行,在线旅游公司,其业务量约占全球在线旅游市场的 1/3)和 Priceline(美国最大的在线旅游公司)。这些网站的数据来自 GDS,数据处理得到 GDS 的支持,但是比 GDS 本身更加快捷、用户界面更为友好,因此获得了较好的市场份额。这使得开发 GDS 支持的网络营销网站成为 GDS 发展的一个新方向。

3. OTA

OTA 全称为 online travel agency,中文译为"线上旅游公司",是在线酒店、旅行社、票务等预订系统平台的统称。酒店可以通过各种渠道,跟搜索引擎合作,有效提高酒店网站的访问率和网页点击率,以提高交易量;酒店也可以跟 OTA 合作,直接在 OTA 平台上管理自己的产品和价格,并完成交易。OTA 是酒店销售渠道的有益补充和重要构成部分。

OTA 能有效弥补酒店自身营销影响力的不足。OTA 拥有众多忠实客户和丰富全面的旅游系列产品资源,经常开展有针对性的市场营销活动,其传播范围和传播能力是单体酒店甚至大型酒店集团都不可比拟的。OTA 还拥有强大的顾客数据库,能进行精准的数据分析并针对性地投放有效广告内容。此外,OTA 不仅跟众多酒店合作,还和其他旅游产品服务供应商合作,如航空公司、汽车出租公司、豪华游轮、旅游景点、体育和娱乐公司等,在同一个平台出售全线的旅游产品和服务,如酒店的客房、来回的飞机票、在目的地租用的汽车、目的地游览点以及体育和娱乐项目的门票等。顾客就像到餐厅点菜一样,仅在 OTA 网站上就可以选购所需的产品和服务,一次付费,不必到各供应商的网站逐项单独购买,快捷方便。所以,这些提供"一站式"服务的 OTA 网站得到越来越多旅游者的喜爱。如何与 OTA 携手合作共赢是酒店面临的一大问题。

此外,还有一种介于 OTA 平台和酒店之间的第三方酒店代理商。通过与酒店合作拿到一个较低的价格,再通过加价等方式在 OTA 平台上售卖以赚取差价。因为代理商会在多平台多渠道同步上架酒店房源信息,所以会显著提升酒店的入住率。靠着这些大平台的支撑,代理商和酒店就有了源源不断的客源。其实这种酒店代理商也是 OTA 平台所支持的,因为能帮助平台拿到更多的酒店房源,也是平台的代理商。在各大 OTA 平台激烈竞争的同时,平台对代理商的需求是极其强烈的,而这个代理行业又是刚刚起步,现有的代理商根本不足以满足这个庞大的市场。

 同步思考

> **酒店 vs OTA,怎么正确看待它们间的关系?**
>
> 回顾酒店和 OTA 之间"相爱相杀"的几十年,不管是从"开放"到"限制"的平台,还是从"依赖"到"逃离"的酒店,每一段关系的发展都令人深思。

> 1999年，携程旅行开启了"水泥＋鼠标"的传统OTA模式。2005年，"去哪儿网"推出比价平台，酒店众多销售渠道不透明的价格体系被彻底打破，OTA被赋予了更多的实用意义。后来，有酒店或集团正式加入"双十一"大促，试探性推出低价房，期待和飞猪（之前叫阿里旅行）一起站在风口之上，OTA正式成为一些酒店的营销利器。
>
> 现在，携程、美团、飞猪在线市场"三足鼎立"，掌控着酒店的销售命脉。尤其是单体酒店，如果提供绝对性客源的OTA提出抬高佣金的要求，很可能就会妥协，因为单体酒店缺乏其他获客渠道。而OTA握有的筹码就是OTA网站页面上更醒目的地方，以及会带来的更大流量甚至更多订单。

在了解了酒店营销渠道的构成后，我们回到项目导入中陈女士的案例。陈女士并没有选择直接向酒店预订客房，而是通过OTA平台选择酒店并付款预订了酒店客房，因此陈女士是通过间接营销渠道购买酒店产品，她理所当然地认为OTA平台就是酒店与顾客之间的中间商。当陈女士向酒店提出退款要求时，才发现自己的购房订单并非直接来自OTA平台，而是在来自另外一家"第三方供应商"，这意味着在OTA平台与酒店之间还存在着一个二级中间商。所以在陈女士的案例中，酒店与顾客之间实际上存在着两个中间商。而这些"第三方供应商"往往会与酒店签订批量的购房合同，并且规定了"月结"的付款方式，然后再将客房投放到OTA平台上零售，从中赚取差价。因此，站在OTA平台公司的角度来讲，顾客在平台上订房也有两种模式，一种是由OTA平台直接下单到酒店的"直销"模式，另一种是顾客通过OTA平台下单到中间商（供应商），再由中间商下单到酒店的"分销"模式。而陈女士正是属于这种由供应商下单的分销模式。因此就出现了酒店没有收到房款不愿提前垫付退款、顾客寻找OTA平台协商无果、第三方供应商联系不上等一系列情况，这是陈女士为什么退款如此困难的原因。

任务二　酒店线上分销渠道系统的建立

一、酒店集团建立线上分销渠道系统

通常顾客或者其他行业人士所见到的线上分销渠道系统建立相对简单：即酒店通过综合考量各个OTA公司提供的自家经营指标和酒店自身条件、目标市场等各种综合因素，选择相对适合自己的OTA（如公司本身具有较强的综合实力，使酒店取得更高收益、操作更简便、能提供更多优惠营销推广政策或者承诺提高酒店各项经营指数等），签订合作协议，对接使用端口，即可开始使用。

实际情况远比上面描述的要更为复杂，酒店集团需要将现有各个系统打通、串联，从而搭建起一套完整的收益数据管理＋渠道分销的系统。首先从酒店收益管理系统（RMS）到酒店经营管理系统（PMS）再到中央预订系统（CRS），并且通过DerbySoft、CHINAonline等数据对接公司与酒店的官方网站和国内外各个分销渠道（图7-2）。在

这里需要大家注意的是：酒店的官方网站或者微信小程序虽然也是线上渠道的一部分，但是我们习惯把这两者归属于直销渠道，而酒店线上分销渠道系统不包含上面的两者。图 7-2 所示为酒店集团线上分销渠道系统。

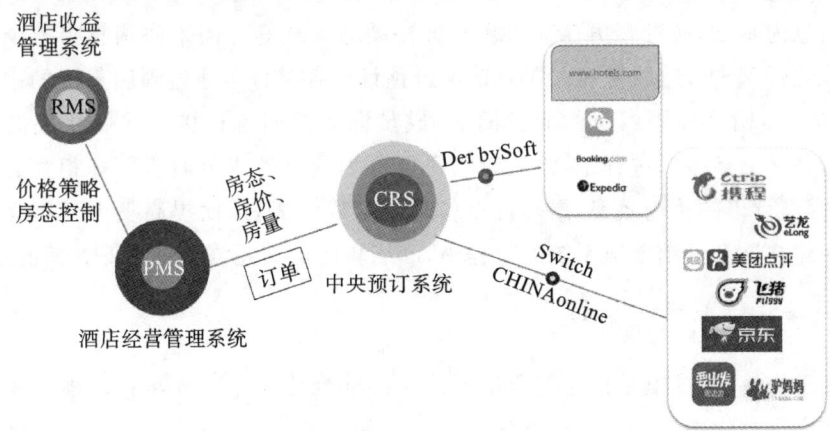

图 7-2　酒店集团线上分销渠道系统

知识活页

（一）Derbysoft

德比软件（上海）有限公司于 2002 年在上海成立，总部位于上海，是专业从事旅游产品网络营销系统设计和旅游产品分销的技术服务公司，是一家拥有全部产品自主知识产权并为全球酒店业提供软件服务的公司。目前，该公司拥有全球超过 180000 家酒店数据。每月处理近 5000000 间夜的订单。

该公司合作的酒店及酒店供应商包括所有全球十大酒店及众多区域性中小酒店集团，以及国际第三方 CRS 内的酒店，酒店联盟等和国内单体酒店。同时，该公司的合作伙伴也包括全球重要地区顶级分销渠道、在线旅行社、垂直搜索引擎、批发商以及众多大型旅游经销商。

（二）CHINAonline

CHINAonline 畅联是中国的酒店业接口管理软件及服务提供商，由北京中长石基信息技术股份有限公司运营。CHINAonline 畅联专注于酒店业与分销渠道之间的 Switch 直连业务，为酒店业与分销渠道之间搭建实时、自动的信息交互、订单交易平台。

CHINAonline 畅联凭借着 IP HOTEL 的设计理念帮助酒店实现与全球分销系统（GDS）、互联网分销渠道（IDS）、订房公司呼叫中心（HRC）和差旅管理公司（TMC）等预订渠道的连接，以及酒店网上散客和协议散客预订功能，以此来提升酒店、酒店分销商双方共同的交易处理管理能力，并帮助酒店和酒店分销商有效降低内部运营成本、缩短交易等候时间以及帮助酒店达成收益管理的目标而提供可实现的解决方案。

二、酒店集团统筹分销渠道的运营

在线上分销渠道的系统中,酒店收益管理系统(RMS)以在线分销系统中多个渠道提供的信息为基础,通过客房存量管理和价格动态管理等方面来协调管控整个酒店经营管理系统(PMS);然后将客人在分销渠道预订的各类订单通过酒店集团的中央预订系统(CRS)传输至集团旗下的成员酒店,成员酒店按照流程接单并做相关的确认工作;最后,在交易产生的过程中,酒店集团还需要为旗下的成员酒店做好相关的服务工作,例如提高订单的传输效率,提高订单信息的准确性等,从而提高整个酒店集团的收益。而在建立这套分销渠道系统的过程中,酒店集团层面还需要做以下方面的工作。

(一)统一定制工作流程

定制工作流程,这里是指定制全集团统一的标准化工作流程,例如,酒店集团会统一定制客房房型代码、房价代码、市场代码以及相关的规则信息、分销系统的操作手册等相关细则,同时定制配套的培训课程并提供完整的培训服务,以确保成员酒店之间的相互预订、集团网站自助预订、集团营销部、呼叫中心集中预订,以及电子地图预订、佣金核算与管理等各种工作流程的顺利实施落地。

(二)与合作技术公司日常沟通协调

与合作技术公司日常沟通协调是需要酒店集团来完成的。例如,协调组织技术公司完成"直接对接项目"。酒店业中"直连"是指与酒店有合作的第三方平台可以将订单直接传送到酒店经营管理系统(PMS)中,这样不但有效提高了订单传输的效率,降低了订单传输中的错误率,还可以节约订单转接过程中所产生的各类成本。

在与合作技术公司共同搭建"直连对接项目"时,酒店集团层面需要与各个渠道确认双方的业务规则,明确各自的需求,并对项目进行跟进和测试,确保集团的中央预订系统与各个渠道的系统能够打通,实现串联互通。同时,负责组织各成员酒店进行专项培训,确保各成员酒店能够成功上线实时操作,实现预订等相关信息在线上的实时交互,订单通过中央预订系统直接下发至各成员酒店,至此形成的完整闭环。

(三)系统的日常运作维护

系统的日常运作维护也是由酒店集团来负责的。集团搭建好线上分销系统后,还需要对整个预订系统进行日常的运行维护,包括客房库存及房价的日常监控、处理问题订单及协议客户管理、订房中心运行比较、各类营销费用分析统计、会员卡系统等集团内部成员酒店的各项需求,组织协调各成员酒店新产品促销的发布上线等一系列工作。

三、单体酒店线上分销渠道系统的建立

酒店集团建立线上分销渠道系统工作量虽大,但是建立之后统筹管理起来还是效率很高的,但是对于众多单体酒店来说就不具备参考性。单体酒店和OTA合作建立

本酒店的线上分销渠道是势在必行的。单体酒店在跟 OTA 合作过程中,有时会出现付出了高昂的佣金和推广费用,但是效果却不尽如人意的情况;或者单体酒店随着对 OTA 的依赖程度逐渐增大,导致话语权和经营主动权逐步降低,陷入进退两难的局面。所以单体酒店与 OTA 合作需要注意以下事项。

(一)熟悉 OTA 平台的规则及操作

无论酒店选择跟哪个平台合作,都必然熟悉平台的规则,必须掌握商家后台的操作,因为 OTA 商家后台是酒店开展一切线上运营工作必须使用的工具。酒店最好有运营专员来负责 OTA 商家后台运营工作,运营专员不仅要熟悉 OTA 商家后台各个模块的功能,并且还要快速地教会酒店其他相关工作人员(前厅、预订等部门)使用此系统。各个平台的规则大同小异但是却又不尽相同,如果操作不当,触及 OTA "红线",对酒店平台经营影响很大。

(二)注重外部引流

在 OTA 平台推广酒店产品当然很重要,产品是否有吸引力很大程度上决定了订单转化率的高低。同时酒店的从业人员也要懂得对酒店产品进行包装和外部引流。单体酒店可以通过短视频、游记攻略软文等形式将客流直接转化或引导至 OTA 平台生成订单,这样可以获得更多的客户资源。酒店产品的包装展示效果直接影响客户的第一感官和体验,只有产品是有特色的、有吸引力的,客户才会被吸引进而详细了解并选择入住。

(三)时刻注意客户的反馈,洞察市场变化

OTA 平台的客户反馈评价对单体酒店的经营会产生很大影响,相关人员要及时解决客户问题,重视客户建议并给予及时的反馈,根据具体情况将产品及时调整或升级。另外,相关人员还应具有洞察力,时时关注市场情况,提高产品的可选择性,避免线上产品一成不变或过于单一。

(四)订单处理要及时

一定要保证订单处理的及时性和准确性,一般订单处理的最佳时间为 3 分钟。事实上做酒店 OTA 就是做流量,在规则允许的前提下,比别人获得更多的流量就有成功的机会。如果没有时间或者精力,或出于成本角度,没有办法精细化管理酒店线上 OTA 运营,也可以交给电商 OTA 酒店代运营这样的专业机构托管。

 **同步思考**

表 7-1 为收益管理系统导出的表格,从表格中我们可以看到某酒店各个销售渠道的销售情况。此酒店各分销渠道中第三方网站(线上分销渠道)的占比在酒店分销渠道中是有所提高的,今年已售客房的间夜量和平均房价(ADR)都有所上

升,平均房价470.36元,客房收入为477647.12元,在与去年同期的数据对比后发现,今年第三方网站的平均房价有所上升,同时总间夜数也有所提高,所以整个渠道的收入相较于去年同期有155691.41元的提升。除年度比较数据外,我们还可以从收益系统里看到酒店月累计以及年累计的各渠道产量分析报告。

请大家思考:该酒店需要调整现有的渠道配置吗?未来的经营过程中要重点关注哪些渠道呢?

表 7-1 酒店各分销渠道同比经营数据

渠道	今年			去年			同比		
	间夜量	平均房价	客房收入	间夜量	平均房价	客房收入	间夜量	平均房价	客房收入
第三方网站	1015.5	470.3	477647.1	850.5	378.5	321955.7	↑165	↑91.81	↑155691.41
销售部预订	663	381.8	253152.6	686.5	391.6	268832	↓−23.5	↓−9.77	↓−15679.4
电话	9525.5	318.6	3034641	5532.5	366.3	2026835.5	↑3993	↓−47.77	↑1007805.54
步入	734	356.2	261460.2	1040	414.8	431380.6	↓−306	↓−58.58	↓−169920.48
未定义渠道	0	0	1932.73	0	0	17684.3	→0	→0	↓−15751.59
合计	11938	337.5	4028833.6	8109.5	378.2	3066688.2	↑3828.5	↓−40.68	↑962145.48

任务三　酒店如何选择线上分销渠道

随着科技的发展和市场环境的变化,酒店仅依靠直销渠道的经营将会有很大的局限性,选择与分销渠道尤其是线上分销渠道合作是大势所趋。所以如何在众多的渠道中选择适合自身情况的渠道进行合作是需要面对的问题。酒店集团选择合作渠道时,有以下几个因素需要考虑。

一、渠道的性质

酒店选择线上分销渠道时要考虑的首要因素是渠道的性质,即按照一定的原则将这些渠道进行分类。按照产品的采购数量,可将渠道分为零售商和批发商两类,按照线上分销渠道的销售类型可分为企业对企业(business-to-business,B2B)和企业对消费

者(business-to-consumer,B2C)两类。例如,传统的 OTA 属于零售商的性质,而与酒店签订批量购房合同的代理商则属于批发商的性质,且往往涉及 B2B 与 B2C 两方面的业务。

二、渠道的市场形象与资信

线上分销渠道的市场形象与资信状况是酒店集团选择合作渠道重要的衡量指标。在选择渠道时需要考虑此渠道是否与酒店集团的品牌定位相匹配,是否能够提供与酒店目标市场相匹配的客源等方面,即我们所说的是否与酒店的"用户画像"相符合。例如,GDS 在由旅行社和旅行经理组成的市场中有很大的影响力,而 OTA 则吸引了个人旅行者;同时各个 OTA 的市场形象和定位也各不相同,如马蜂窝和途牛比较针对自由行的客户群体;途家和小猪(原名小猪短租)对标爱彼迎,主要针对城市短租和民宿,B2B 和 B2C 两种模式都有;酒店集团或单体酒店可能更愿意选择携程或者飞猪等 OTA 。

线上分销渠道的资信也很重要,比如有没有出现过乱价分销的行为等方面,就是对渠道资信状况的考查。如图 7-3 所示,2019 年上半年"携程系"占整个在线住宿预订市场的 63.8%(按交易额口径)和 46.5%(按间夜量口径),无疑在市场形象和资信方面的优势十分凸显。

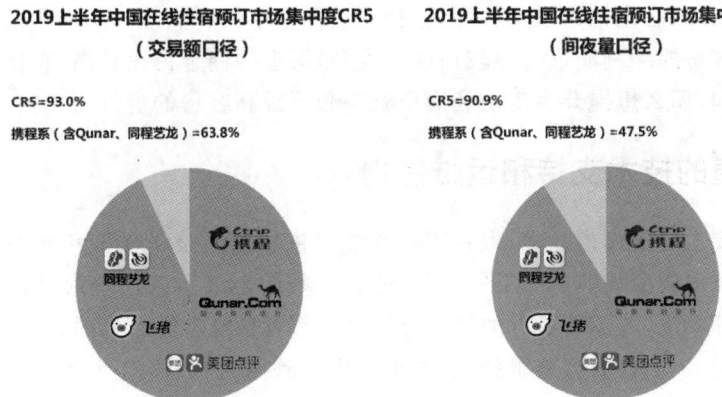

图 7-3　2019 年上半年中国在线住宿预订行业竞争格局

(资料来源:艾瑞咨询《中国在线住宿预订行业研究报告 2019 年》)

 同步案例

2017 年,面对 A 公司的压力,B 公司内部推行"断 A 项目",即让与 B 公司合作的酒店取消与 A 公司的合作,让酒店"二选一",以降低 A 公司在酒店这一板块的市场占有率。考虑到 B 公司的市均占有率及行业地位,多数酒店只能无奈"站队"。

2017 年 10 月,B 公司深圳分公司的酒店业务负责人安排工作人员对 B 公司深圳分公司的酒店业务经理进行经验分享,主要内容为:由 B 公司员工假装普通用户在 A 公司这一平台预订酒店客房,这些酒店都是曾承诺"二选一"与 B 公司合作的酒店,预订成功后,再以B公司业务员的身份电话联系所预订酒店客房,要求其不能接受A公司的酒店订单。

　　问题:企业在竞争中使用不正当手段的情况常见吗?作为行业从业者我们应当如何面对,怎么处理?

三、渠道的定价及佣金

　　各个线上分销渠道的定价及佣金也是酒店必须要综合考量的问题,这个问题直接关乎酒店在顾客心目中的形象和酒店自身收益。如果酒店保持各种渠道产品价格一致,佣金一致,那么大型渠道商会觉得酒店没有合作的诚意,自己没有享受专属权利。而如果线上分销渠道价格高于酒店直销价格太多,线上分销渠道推广效果定会大打折扣。所以很多强势的线上分销渠道会在合作协议中特地注明很多限制条款,比如独家挂牌、较高佣金等。如果线上分销渠道价格低于酒店直销价格,所得收入在扣除佣金之后势必会进一步减少酒店的收益,同时酒店无形中会将自己的直销客户推向价格更低的线上分销渠道,为他人(线上分销渠道)"作嫁衣",丧失自己的直接客源。

　　所以必须要考虑各线上分销渠道的佣金和价格上限是否会对酒店的平均房价有所影响,是否会稀释酒店直销渠道的客源,包括渠道佣金率的高低等一系列问题。如果将酒店的佣金与客房的净利润进行比较后就会发现,渠道的佣金占比较高,直接影响酒店收益中的净利润,那么想提升客房的利润率就势必要提高客房的定价。

四、渠道的技术支持和运维能力

　　酒店业的线上分销渠道众多,但并不是都能提供相应的技术支持和具备相应的运维能力。除了技术较为成熟的OTA平台,还有一些像会议运营代理商、线下旅行社、旅游行政机构等渠道,并不是所有的线上分销渠道都具备支持酒店集团业务的能力,有些渠道没有7天24小时的客服服务,有些渠道做不到随时响应,这些都是在选择合作渠道时的重要考量因素。所以线上分销渠道是否具备开发直连对接业务的技术能力和日常运维能力很关键。比如直连对接业务的开发无疑利于酒店集团对客房库存和价格的管理,可以有效减少订单传输过程中的人工成本,提升订单的传输效率和准确性。

　　酒店需要实现线上分销渠道的多样化,并高效管理这些渠道,因为这样能够提升酒店知名度和入住率,从而赚取更多利润,所以酒店对渠道的管理、运行和维护能力也很关键。但多渠道运维是个浩大的工程,当酒店力所不能及或者分身乏术的时候,就不可避免地要借助渠道管理软件或者酒店运营商来帮助酒店提高对渠道的运维能力。

知识活页

渠道管理软件

渠道管理软件是一种能够让酒店或酒店运营商同时在多个渠道销售库存产

品,并且实时更新价格和房源的软件工具。它可以是独立的解决方案,也可以是酒店 PMS 或 CRS 的一部分。渠道管理软件为酒店 PMS 和营销渠道建立了一种双向连接,这些营销渠道既包括 OTA、元搜索引擎(如百度等)和批发商,也包括旅游产品运营商、旅行社和酒店官网。通过这种连接,酒店和运营商可以即刻且实时地在网络上分销,并且获得实时预订信息。

所以渠道管理软件能够简化并加快酒店与第三方网站的连接,帮助酒店更好、更高效地管理多渠道分销;软件能够实时更新房源库存状态和价格等数据,从而保持产品价格的一致性;渠道分销软件能够进行数据分析并生成报告。酒店运营商可以得知每个具体时间点的入住率、预订量和收入,从而了解每个渠道的运营情况,并相应调整分销策略。

现在市面上主要的渠道管理软件有以下几种。

(1) SiteMinder:适合连锁品牌酒店的一体化解决方案。
(2) Cloudbeds:适用于热门和小众市场的单体酒店。
(3) eZee Centrix:功能多样,有移动版,能够进行数据分析。
(4) STAAH:适用于小型酒店和连锁酒店。
(5) RezGain:智能分销及收益管理。

五、结算

客户体验是酒店业中至关重要的一项指标,而结算是客户体验过程中很重要的一个环节。例如,酒店合作的线上分销渠道是否能进行外币结算,是否能够使用虚拟信用卡(VCC)、支付宝、京东钱包等,是否具备单店结算及信贷等功能将会直接影响客户的体验。

六、合作态度

合作态度十分关键,合作是否热情,合作过程中这些渠道能不能给予酒店充足的资源、好的排期,包括渠道对酒店业务的支持程度以及合作的配合度等,也会是酒店选择分销渠道时所要考虑的因素。

以上就是酒店集团选择线上分销渠道时所要考虑的 6 个因素,即渠道的性质、渠道的市场形象与资信、渠道的定价及佣金、渠道的技术能力和运维能力、结算、合作态度。应根据酒店本身的产品特性,选择适合的平台。

任务四 影响酒店线上分销渠道收益的主要因素

当下酒店业的线上分销渠道主要有 GDS、OTA、酒店官网(或集团自营 App)和酒

店微信小程序等。在国内当前的OTA市场,携程系风头十分强劲,但是美团系和阿里系有可能未来能与携程系一较高下,与此同时酒店集团自己的App和微信公众号也逐渐发力试图将客人留在自己的"私家流量池"内,而影响这些线上分销渠道收益的主要因素有哪些呢?

目前看来影响酒店线上分销渠道收益的主要因素有消费人数、消费金额、消费频次等,这些因素之间的关系可以用以下公式表达:

$$客房收入=消费人数×消费金额×消费频次$$

那么如何理解这个公式呢?大家可以将这个公式与衡量客房经营的三大指标(OCC、ADR、RevPAR)进行联系。消费人数表现为客房出租率(OCC),消费金额即是平均房价(ADR),消费频次表现为客房的消费天数(LOS),三项相乘就等于客房收入。在客房收益管理中则表现为OCC×ADR=RevPAR,同样也是影响酒店客房收益的主要影响因素。

前面我们已经梳理了这三大指标间的关系,即RevPAR主要受OCC和ADR两个因素的影响。同理,在影响酒店线上分销渠道业务收益的主要因素中,消费人数和消费金额两大指标十分重要,这两项指标的提升能帮助酒店获得线上分销渠道收益的提升。

一、消费人数

想要做好线上分销渠道收益运营,关键是深刻理解两个词汇,即曝光量和转化率。

先看一个公式,消费人数/订单量=曝光量×转化率-取消量。曝光量就是酒店能够被客人浏览的次数,也就是所谓的流量。当酒店在线上分销渠道曝光量越高,转化率越高时,订单量随之会越多,即消费人数增多。

线上的曝光资源越多自然更有利于酒店的经营及品牌的推广,因此曝光量通常又包含渠道数量、曝光展位及一目了然的页面设计三个方面。酒店通常会与多个渠道进行合作,酒店渠道触点越多能够接触的顾客数量就越多,看到酒店信息的人数也越多;同时,酒店的曝光展位、线上渠道页面上的位置越多、越靠前,被顾客关注的可能性也就越大;最后,酒店线上展示页面的设计风格越明显、标志性越强,顾客关注度也会越高。因此,通过提高渠道数量、曝光展位及页面设计三个方面可以有效地提升酒店线上的顾客消费人数。

由此,我们似乎可以推导出一个结论:曝光量与渠道数量是成正比的,即渠道数量越多,曝光量越高;所以一家酒店所拥有的分销渠道越多则曝光量越高,酒店的收益也就越高。但事实并非完全如此,酒店考虑增加分销渠道时还要考虑以下两个重要标准:差异性和增量客群,即新增渠道的客群是否会为酒店带来差异性的增量客群。

由表7-2可见,每个OTA平台深耕的客户类型所属的细分市场并不相同,携程深耕黏性强的中高端商旅用户,商旅客群通常消费能力最强。飞猪依托阿里流量深耕文艺青年及公司白领,美团主要服务低线城市蓝领人群,同程艺龙借助腾讯流量重点服务长尾客户,Agoda专注于海外人士及公司白领。随着代际的更替,美团和飞猪的主力消费群中年轻中产用户正在崛起。

表 7-2　各 OTA 平台的竞争优势

项目	OTA 酒店平台	竞争优势	针对人群	GMV/亿元	间夜量/亿元	单价/亿元	营收/亿元	变现率/(%)
携程＋"去哪儿网"	存量资源＋用户黏性	商旅客户	865	2.21	392	95.20	11.0
美团	低线城市酒店资源	蓝领人群	365	2.05	178	27.13	7.4
同程艺龙	微信流量资源	长尾客户	223	0.67	333	19.30	8.7
飞猪	阿里流量资源	文艺青年＋公司白领	110	0.39	286	5.52	5
Agoda	拥有海外客源	海外人士及公司白领	28	0.31	290	4.20	15

所以有些渠道增加后的效果通常是"1＋1＝2"的，而有些渠道增加后的效果却是"1＋1＜2"，酒店在线上渠道管理中应该尽可能地寻找"1＋1≥2"的渠道进行组合。因此从酒店集团层面来说，往往需要考虑地域与多品牌所产生的客群差异性问题，酒店有一二线城市客群的合作伙伴，如携程比较针对商务类客人，它在一二线城市的覆盖面比较大，因此它的平均房价比较高；但是酒店同样需要三四线城市针对小镇青年这类客人的渠道策略，所以酒店也需要与美团进行合作，为酒店带来差异性增量客群。同时还需要在这两个渠道中做好产品及定价的差异化策略，尽可能避免两个渠道客人互相蚕食的情况出现。

下面我们再来看转化率，简单来说就是浏览酒店网络详情页的客人最终能够下单支付的概率。转化率的提升主要看两个方面：前端展示与后台处理。前端展示的效果与后台系统运行是否稳定高效将直接影响客群的转化率。用户从"看"到"选"再到"订"的过程中会经历 3 个端口的服务：用户端（预订端）、总部端（酒店的 CRS）和酒店端（PMS），这中间涉及两个环节的转化率，即曝光转化率和订单转化率。曝光转化率包含酒店的图片、标签、地址、点评和价格等内容明细；而订单转化率是在客人下单后，包括预订、取消、支付、确认、核销等一系列的业务过程。只有当前端和后台的工作都做得完善和完备了，转化率才会提高，消费人数才能增多。

二、消费金额

消费金额实际上等于客人购买的各项产品与产品单价的积累，而产品单价又包含人群定位、展示策略及价格策略三个方面。人群定位是指酒店产品价格应与目标市场的消费能力相符合。展示策略是指产品的设计与价格的制定应具有一定的市场吸引力，例如，酒店推出 3 天 2 晚的套餐或"景"＋"酒"的产品来吸引亲子市场的客人；某动物王国主题酒店推出"新春阖家欢""欢度周末"等家庭套餐，包含酒店住宿、动物园门票和餐饮，甚至包含了简单的旅游线路设计。价格策略则是提升酒店产品消费单价的重要方法，以"满减"这个提升单次消费金额为例，"多、快、好、省"的京东因为自有物流，推出消费满 99 元即可免运费的价格策略，在这样的价格策略下就会出现客人经常为了免

运费而购满 99 元的消费现象。

同步案例

某星级酒店有自助餐、月饼、游泳券三项产品，原价分别为 169 元、89 元和 59 元，三项产品总成交价为 317 元。假设现在有以下两种定价策略可以选择：第一种策略是各项产品分别以 109 元、69 元和 29 元的折扣价格吸引消费者购买，三项产品打折后的总额为 207 元；第二种价格策略是，酒店在线上平台开展满 300 元减 99 元的满减活动，购买自助餐、月饼和游泳券单项产品的价格分别为 169 元、99 元、39 元，如果同时购买 3 项产品客人实际只需要支付 208 元，相当于买自助餐和游泳券送月饼（图 7-4）。

这种满减活动是不是可以在中秋节期间更有效地提高客人的消费金额？酒店每年中秋节期间会做"月饼＋蟹券""月饼＋餐券"等活动，请问这使用了哪种定价策略呢？

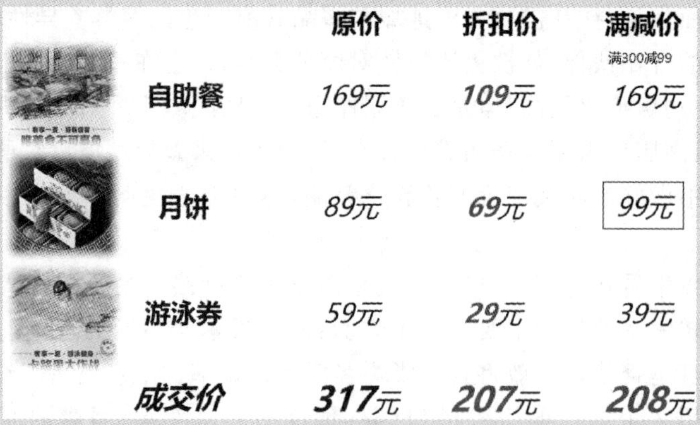

	原价	折扣价	满减价 满300减99
自助餐	169元	109元	169元
月饼	89元	69元	99元
游泳券	59元	29元	39元
成交价	317元	207元	208元

图 7-4 "满减价"定价策略

知识活页

如何提升酒店在 OTA 平台的曝光量和转化率

1. 提升曝光量

酒店的曝光量最直接的体现就是这家酒店在 OTA 平台上的排名。排名越高，能够被客人看到的概率越大，毕竟没有客人喜欢从第一页翻到最后一页。所以酒店想要做好 OTA 运营，简单来说就是提升酒店在 OTA 平台的排名，而影响酒店的排名因素有哪些呢？

销量收益、合作度、运营指标(如携程服务质量分、美团 HOS 指数等)、房态良好度(库存、保留房)、活动参与度、点评、价格展现良好度、不违规违约等都会影响酒店的排名。这是从酒店角度而言的。在这些因素中，每一项的权重比例并不一样，而且有很大的差别。其中销量收益、合作度、运营指标这三项是影响排名权重的重要因素，酒店一定要重视。

另外一个角度就是用户因素，即消费者使用 OTA 时的各种用户行为，包括用户点击、浏览、收藏、消费过的酒店，也能够获取优先排名。同时，从用户的搜索场景，同城搜索、附近搜索、异地搜索，以及用户特征(如偏好、历史消费记录等)也会影响酒店的推荐。

除了排名之外，还有酒店本身产品及内容的多样性，同样能够影响酒店在平台上的曝光量。

2. 提高转化率

平台页面呈现的每一个信息点，都会影响转化率。除此之外，线上竞争对手也会影响转化率。酒店的名字、位置信息、图片信息、房型信息、价格信息、点评信息、问答信息等都会影响转化率。

OTA 渠道是酒店获客的主要渠道，酒店依赖 OTA 渠道，但不局限于 OTA 渠道。OTA 渠道是一个很好的展示曝光预订平台，可以把它当作一个好的工具。除此之外，应积极拓展其他的渠道，包括自媒体渠道、酒店自己的会员体系等。

 **同步思考**

2020 年初，受到新冠肺炎疫情的影响，大量餐饮企业面临严重的经营危机，特别是中小型餐饮企业甚至取消了堂食而仅靠"外卖"的微薄收入苦苦支撑，而某外卖平台作为中间商，则要求所有商家与自己签订独家代理合同，不允许餐饮企业与自己以外的中间商合作，而在大量餐饮企业签订完独家代理合同后，却开始大幅度提高佣金，致使大量餐饮企业雪上加霜，生存困难。如果这种情况出现在 OTA 上，作为合作的酒店应该如何应对呢？

 **课程思政**

虽然间接营销渠道具有为酒店带来促进产品销售、增加顾客与酒店沟通机会、方便消费者查询产品信息等方面的优势，但过于复杂的"分销"系统同时也存在一定的风险。因为，从本质上来讲，酒店、顾客与中间商各自的利益诉求并不相同。

某酒店预订平台就曾因涉嫌虚假宣传受到市场监管部门的处罚，侧面印证了为了提高订单量，夸大或虚假宣传成为一些分销商常用的手段之一。

在央视3.15晚会上曾曝出了两位顾客同一时间在同一网络平台上预订同一家酒店的同一间客房时,却发现价格相差将近百元的情况,由此引发了互联网平台利用大数据"杀熟"的探讨。

可见,酒店在完善自身直接营销渠道的同时应该合理选择和搭配间接营销渠道,发挥好间接营销渠道的优势,尽可能避免间接营销渠道带来的风险。对于酒店和酒店集团而言,在建立营销渠道系统时,也应该要意识到过于复杂的分销渠道体系既会增加酒店经营的风险,又容易给消费者造成困扰。

时过境迁,在互联网如此发达的今天,当下酒店行业各类中间商的运营模式已从线下转为线上,消费者的订房方式也发生着从传统的电话预订转为PC端再到现在的移动端的改变。面对日益变化的社会环境,酒店以及酒店集团该如何建立和选择线上渠道,将直接关系到酒店收益的最终效果。

请同学们根据以上材料进行思考:日益复杂的分销渠道将会给酒店行业带来哪些系统性风险?酒店面对这些风险又该如何应对呢?

项目小结

1. 介绍了营销渠道的概念,以及营销渠道的特点和分类。
2. 介绍了酒店的直接渠道的种类,重点介绍了电话预订中心、酒店的网站以及区域销售办公室三类直接渠道。
3. 介绍了酒店的间接渠道的种类,使学生对酒店现有的营销渠道有初步了解。
4. 论述了连锁酒店和单体酒店建立线上分销渠道系统的方法。
5. 阐述酒店高效选择线上分销渠道,进行组合营销的方法。
6. 明晰影响酒店线上分销渠道收益的主要因素以及进行调控的方法。

项目训练

一、知识训练

1. 酒店的营销渠道分为哪两大类?
2. OTA 的营销优势有哪些?
3. GDS 最早是为哪个行业设计和服务的?
4. 影响酒店曝光量和转化率的因素有哪些?
5. 单体酒店应该如何选择自己的线上渠道呢?

二、能力训练

在数字经济时代下,私域流量已成为近年来酒店业营销渠道管理中的热门话题。私域流量是相对于共域流量的概念,指不用付费,可以在任意时间,任意频次,直接触达到用户的渠道,比如自媒体、用户群、微信公众号等,也就是关键意见消费者可辐射到的圈层，它源于社交电商领域。简单来说，私域流量可以理解为，专属于酒店的那部分顾客群体，这部分顾客群体通常对酒店的忠诚度非常高。请同学们结合本项目所学习的知识，谈一谈酒店可以从哪些渠道获取私域流量。酒店又应如何通过各种平台或工具有效提升私域流量的转化率，从而提升酒店的经营收益呢？

推荐阅读
Reading Recommendation

一、The Theory and Practice of Revenue Management

作者:Kalyan T. Talluri,Garrett J. Van Ryzin

书籍介绍:收益管理(RM)已成为近年来最重要的新业务实践之一。本书是第一本关于 RM 领域的综合参考书。本书对收益管理研究和应用的整个领域进行了系统性介绍,借鉴了不同行业资源和不同学科的相关研究,并记录了行业实践和实施细节。从根本上说,RM 是一门应用学科,它的价值和意义最终从它获得的业务结果中获得。

二、《饭店收益管理》(第二版)

作者:祖长生

书籍介绍:本书第二版是在第一版的基础上修订完成的。修订的内容主要来自祖长生在第一版书出版后的 5 年里对收益管理的持续研究、实践、总结和创新,并把这些总结和创新增加到了本书中去,以满足如今饭店经营管理和数字化运营应用收益管理的需求。通过本书的学习,读者能够对收益管理的基本理论、方法与工具以及在实践中实施收益管理形成深刻的认识和理解,并能够在饭店、民宿和公寓等住宿企业结合具体情况加以有效实施。

三、《收益管理与定价战略》

作者:曾国军

书籍介绍:本书的内容主要包括三部分。第一章和第二章是对收益管理的综合介绍,第一章着重概述收益管理的相关概念,并且介绍收益管理的应用重要性和文化,为读者了解收益管理思想和核心理念奠定基础;第二章回顾收益管理的进程,介绍收益管理发展至今的研究进展。第二部分是本书的主要内容,从收益管理战略和战术层面阐述了收益管理系统的关键要素及如何借此驱动收益最大化:第三章从战略定价金字塔、成本与竞争、分销渠道、战略融入方面补充定价策略的整合分析框架;第四章对收益管理动态定价的原理、过程进行介绍,重点关注服务的动态定价;第五章分析收益管理预测问题的重要性,介绍相关的预测方法,包括定量预测方法、定性预测方法及新兴预测方法,并以酒店预测为例介绍预测在实践中的应用;第六章介绍了超额预订的概念及原因,以及实施超额预订的具体策略、如何处理过度超额预订的情况。

四、《收益管理——有效实现饭店收入的最大化》

作者:胡质健

书籍介绍:胡质健先生所著的《收益管理——有效实现饭店收入的最大化》一书,是中国第一本系统、全面地介绍国外先进的收益管理理论与实践的专著。全书内容翔实全面,图表案例丰富,极具实践操作性,深入浅出地点明了我国饭店业经营管理方面亟待解决的关键问题,系统介绍了收益管理的理论和有关实施步骤,对提升饭店从业人员的经营管理水平起到了一定的帮助和促进作用。

五、《收益管理——有效降低空置率 实现收益翻番》

作者:陈亮,郭庆,魏云豪

书籍介绍:本书以收益管理的基本原理为切入点,以主人公"宇儿"小姐酒店创业的历程为主要故事背景,在大量、详细、生动的案例的支撑下,趣味性地阐述了如何利用收益管理将一家小型单体酒店发展成为集团连锁酒店的全过程。书中案例详细解析了如何提高酒店出租率,如何快速增加每一间房的营收,如何应对竞争对手低价竞争,如何有效培育优质客户群体,如何提升酒店影响力,如何化解酒店经营中的"营收流失黑洞",如何培养酒店收益管理人才梯队,如何差异化开展集团层面收益管理等多方面的内容。故事生动、完整,内容由浅入深,能帮助酒店带来出租率、平均房价、收入、口碑、竞争力、酒店管理6个维度的经营水平提升。本书适合酒店行业投资人、管理者、前台、OTA专员及有志于从事酒店行业的院校学生等阅读。

参考文献
References

[1] Kalyan T Talluri, Garrett J Van Ryzin. The Theory and Practice of Revenue Management[M]. New York:Springer Science Business Media,2005.

[2] Oz Shy. How to Price:A Guide to Pricing Techniques and Yield Management [M]. London:Cambridge University Press,2008.

[3] Ian Yeoman, Una McMahon-Beattie. Revenue Management and Pricing:Case Studies and Applications[M]. Stanford:Cengage Learning,2004.

[4] David K Hayes, Allisha Miller. Revenue Management for the Hospitality Industry[M]. New Jersey:Wiley,2010.

[5] 祖长生. 饭店收益管理[M]. 2版. 北京:中国旅游出版社,2021.

[6] 曾国军. 收益管理与定价战略[M]. 北京:中国旅游出版社,2018.

[7] 胡质健. 收益管理——有效实现饭店收入的最大化[M]. 北京:旅游教育出版社,2009.

[8] 周晶,杨慧. 收益管理方法与应用[M]. 北京:科学出版社,2009.

[9] 陈亮,郭庆,魏云豪. 收益管理——有效降低空置率 实现收益翻番[M]. 北京:人民邮电出版社,2018.

[10] 魏云豪. 收益管理(实战版)——突破增长困境,提高酒店营收水平[M]. 北京:人民邮电出版社,2020.

[11] 党印. 酒店收益管理[M]. 北京:经济科学出版社,2020.

[12] 祖长生. 收益管理在我国饭店业的发展[N]. 中国旅游报,2018-11-22(A02).

[13] 俞晓东. 酒店收益管理工作的流程梳理[N]. 中国旅游报,2020-08-13(006).

[14] 祖长生. 收益管理如何在本土饭店落地[N]. 中国旅游报,2017-06-15(A02).

[15] Viglia G, Abrate G. Revenue and Yield Management:A Perspective Article [J]. Tourism Review,2019,75(1):294-298.

[16] Haynes N. The Evolution of Competitor Data Collection in the Hotel Industry and Its Application to Revenue Management and Pricing[J]. Journal of

Revenue and Pricing Management,2016,15:258-263.

[17] Lucianis. Implementing Yield Management in Small and Medium Sized Hotels: An Investigation of Obstacles and Success Factors in Florence Hotels[J]. International Journal of Hospitality Management,1999,18(2):129-142.

[18] Chuyi Zheng,Gabor Forgacs. The Emerging Trend of Hotel Total Revenue Management[J]. Journal of Revenue and Pricing Management,2017,16(3).

[19] 李沐纯,马素云.酒店收益管理绩效及其影响机制研究综述与展望[J].旅游导刊,2017(4):71-88.

[20] 王晓文,田新,李凯,等.收益管理决策行为及绩效水平的影响因素研究——以中国高星级酒店为例[J].旅游学刊,2013,28(9):25-33.

[21] 刘博.合理避开实施收益管理的四大误区[J].饭店现代化,2014(1):65-66.

[22] 赵广欣.收益管理视角下的酒店客房差别定价策略研究[J].兰州财经大学学报,2018,34(3):118-124.

[23] 魏欣.新经济背景下酒店收益管理人才综合素质分析[J].旅游纵览(下半月),2019(8):197,199.

[24] 张志文,郭强.基于战略管理的饭店收益管理系统影响因素研究综述[J].现代商业,2014(10):49-50.

教学支持说明

为了改善教学效果,提高教材的使用效率,满足高校授课教师的教学需求,本套教材备有与纸质教材配套的教学课件(PPT电子教案)和拓展资源(案例库、习题库、视频等)。

为保证本教学课件及相关教学资料仅为教材使用者所得,我们将向使用本套教材的高校授课教师和学生免费赠送教学课件或者相关教学资料,烦请授课教师和学生通过邮件或加入酒店专家俱乐部QQ群等方式与我们联系,获取"教学课件资源申请表"文档并认真准确填写后发给我们,我们的联系方式如下:

E-mail:lyzjjlb@163.com

酒店专家俱乐部QQ群号:710568959

酒店专家俱乐部QQ群二维码:

群名称:酒店专家俱乐部
群　　号:710568959

电子资源申请表

填表时间：_____年___月___日

1. 以下内容请教师按实际情况写，★为必填项。
2. 相关内容可以酌情调整提交。

★姓名		★性别	□男 □女	出生年月		★职务	
						★职称	□教授 □副教授 □讲师 □助教

★学校		★院/系	
★教研室		★专业	
★办公电话		家庭电话		★移动电话	
★E-mail（请填写清晰）				★QQ号/微信号	
★联系地址				★邮编	

★现在主授课程情况	学生人数	教材所属出版社	教材满意度
课程一			□满意 □一般 □不满意
课程二			□满意 □一般 □不满意
课程三			□满意 □一般 □不满意
其他			□满意 □一般 □不满意

教材出版信息						
方向一		□准备写	□写作中	□已成稿	□已出版待修订	□有讲义
方向二		□准备写	□写作中	□已成稿	□已出版待修订	□有讲义
方向三		□准备写	□写作中	□已成稿	□已出版待修订	□有讲义

请教师认真填写表格下列内容，提供索取课件配套教材的相关信息，我社根据每位教师/学生填表信息的完整性、授课情况与索取课件的相关性，以及教材使用的情况赠送教材的配套课件及相关教学资源。

ISBN(书号)	书名	作者	索取课件简要说明	学生人数（如选作教材）
			□教学 □参考	
			□教学 □参考	

★您对与课件配套的纸质教材的意见和建议，希望提供哪些配套教学资源：